Regionen

Rezepte

Restaurants

Der Schweiz

Von
Verena Thurner-Mackert
und Madeleine Kressebuch

Fotografien von
Lotti Bebie
und Hansjörg Volkart

Die vorliegenden 23 Kapitel sind bereits
in loser Folge in der «Schweizer Familie»
erschienen.

© 1991 Werd Verlag, Zürich

Umschlaggestaltung: H.+C. Waldvogel,
Zürich
Technische Herstellung: Druckzentrum
Tages-Anzeiger, Zürich
Printed in Switzerland

ISBN 3-85932-058-0

Inhalt

Vorwort   4

Frühling

Zürich   7
Appenzell   13
Zugerland   19
Seeland   25
Jura   31
Thurgau   37

Sommer

Urschweiz   43
Glarus   49
Schaffhausen   55
Tessin   61
Emmenthal   67
Aargau   73

Herbst

Solothurn   79
Luzern   85
Bündner Herrschaft   91
Sierre   97
Genève   103
St. Gallen   109

Winter

La Côte   115
Bern   121
Engadin   127
La Gruyère   133
Basel   139

Register   144

Vorwort

Wir können heute ohne Probleme chinesisch, thailändisch, mexikanisch oder japanisch kochen; die Zutaten sind erhältlich. Wir können in türkischen, arabischen oder griechischen Restaurants essen; das Angebot ist vielfältig. Und warum bleiben wir nicht dabei? Warum isst der eingewanderte Italiener noch immer jeden Tag Pasta, obwohl er seit 20 Jahren in der Schweiz wohnt? Und warum verzichtet der Spanier in Bern nicht auf seine Paella? Weil das, was er zu Hause gegessen hat, was ihm seine Mutter gekocht hat, ein Stück Heimat bedeutet.

Heimat hat viele Gesichter. Ein Mensch, ein Ort, ein Gegenstand kann Heimat sein. Heimat ist auswechselbar, Heimat kann man verlieren. Was man nicht verlieren kann, ist der süsse Geschmack von «Schnitz und drunder» auf der Zunge oder die leichte Säure des Chriesiprägels, den Mutter verstand zu rühren wie niemand sonst, oder die knusprigen Salbeimüsli, für die wir unsere Nasen an der Küchentür plattdrückten. Das ist für mich Heimat. Was gibt es für einen grösseren Leckerbissen als einen Teller Älplermagronen, bei dem der Käse Fäden zieht, oder die Chalberwurscht, die nur im Glarnerland so richtig schmecken will. Das ist Heimat. Haben Sie auch schon die lange Reise in das Tessin gemacht, nur um wieder einmal einen Brasato al Merlot mit einer stundenlang gerührten Polenta zu geniessen? Das ist Heimat, die einem niemand nehmen kann.

Vielfalt

In 23 Regionen, Dörfern und Städten, quer durch die Schweiz, sind wir herumgereist auf der Suche nach der kulinarischen Heimat. Wir haben in Genf Filets de perche au lac, Gratin de cardon und die köstliche Sabodet, servi tiède à la vigneronne, gegessen, in den Weinkellern von Siders und Salgesch schon morgens um 9 Uhr trockenen Fendant, schlanken Dôle und feurigen Pinot noir degustiert. Im Glarnerland kamen wir nur knapp nicht hinter das Geheimnis der Zigerherstellung, und in Chur konnten wir nicht genug kriegen von den in zarte Mangoldblätter eingewickelten Capuns. Im Maggiatal haben wir bei der Produktion der beliebten Formaggini zugeschaut und uns bei Giovanni Albisetti, dem ehemaligen Radrennamateur, von der Güte seiner Tortellini überzeugt. Schliesslich reisen die Gourmets der Tortellini wegen sogar von Mailand zu Albisetti ins Grotto oberhalb von Vico Morcote.

Menschen

Und wir haben Menschen getroffen. Menschen, denen es ein wichtiges Anliegen ist, die Küche ihrer Region zu pflegen und ihr Wissen darüber an Jüngere weiterzugeben. Wir haben uns vom Churer Emil Pfister in die Bündner Küche einführen lassen und gestaunt über die immense Vielfalt. Agnese Broggini von Intragna, die beste Bahnhofbuffet-Köchin von Westeuropa, hat uns Geschichten über die Rezepte der Nonna erzählt. Mit dem liebenswürdigen Angelo Conti Rossini haben wir über die Tessiner Küche philosophiert, und Toni Lauber vom «Bellevue Palace» in Bern hat uns die Zusammensetzung einer Berner Platte erklärt. Nach einigem Sträuben freundeten wir uns sogar mit dem Appenzeller Rässkäse an, und wir wissen jetzt auch, dass man den Appenzeller Alpenbitter mit Eis trinken muss. Schmeckt vorzüglich! Der Unterschied zwischen einer üblichen Luzerner Chügelipastete, die schon fast ein Grund für eine Ehrverletzungsklage sein könnte, und der Chügelipastete, die wir im «Galliker» in Luzern gegessen haben, ist uns nun auch klar. Und dass man durch den Kafi Träsch die Zeitung lesen können muss, war uns schon vorher klar.

Individualität

Die Regionen der Schweiz sind so unterschiedlich wie ihre Landschaften und ihr Brauchtum. Die Küche nimmt diese Vielseitigkeit auf, passt sich den geographischen Gegebenheiten und ihren Bewohnern an, richtet sich nach dem Kirchenjahr und nach den Jahreszeiten. Erdbeeren an Weihnachten werden wir in den überlieferten Schweizer Rezepten vergeblich suchen. Dafür finden wir eine Vielfalt an regionalen Produkten, mit denen die Bewohner einfache, aber schmackhafte Gerichte zubereiten. Die Küche der Bergkantone unterscheidet sich von derjenigen der französischen Schweiz wie die chinesische von der japanischen. Hier eher bäuerlich wärmende Gerichte, dort, unter dem Einfluss vom nahen Frankreich, eine elegant-raffinierte Küche. Nicht nur Regionen prägen die Küche, auch Feste bringen ihre eigenen Spezialitäten. Was wäre die Chilbi ohne Ziger-

krapfen und Schenkeli, die Fasnacht ohne Mehl-
suppe und die fragilen Chneuplätze?

Unverwechselbar
Es gibt sie doch, die traditionelle Schweizer Küche,
und es gibt sie immer mehr. Denn viele junge
Köchinnen und Köche besinnen sich wieder auf
traditionelle Schweizer Gerichte, passen die alten
Rezepte unserer Zeit an und verhelfen ihnen da-
durch zum Überleben. Es ist eine vielseitige Küche,
unsere Regionalküche. Wie verwechselbar ist doch
internationale Küche, und wie unverwechselbar
sind unsere regionalen Gerichte.

Verena Thurner-Mackert

Zürcher
Ratsherrentopf

ZÜRICH

Zürich, die heimliche Hauptstadt der Schweiz, ist aufregend, sagen ihre Bewunderer, prickelnd wie Champagner, weltstädtisch und dörflich zugleich. Die Kritiker finden Zürich zu laut, zu gross, zu kalt, zu föhnig, zu mächtig, zu neureich.
Neureich ist Zürich gewiss, neureich durch den übermächtigen Finanzplatz und durch die Internationalität. Zürich ist aber auch reich an Tradition, reich durch den Fleiss seiner Bürger, reich durch Zürcher Geist, der zwinglianische Härte mit weltstädtischer Toleranz verbindet. In Zürich wird viel geschlemmt. Zürichs traditionelle Küche ist stiller, bürgerlich im alten Sinn des Wortes. «Zünftig», das heisst in Zürich gut, wertvoll: Kein Wunder, dass in Zürichs alten Zunfthäusern noch heute zünftig-zürcherisch gekocht wird. Severin Ostermann (Bild), der Zunftwirt zur Zimmerleuten, ist einer von Zürichs

Köchen. Typisch Zürich: Auch dieser Zürcher ist kein Zürcher. Severin Ostermann ist gebürtiger Österreicher, aber Zürich wurde für ihn doch mehr als nur Arbeits- und Wohnort.

Zunfthäuser sind Garanten kulinarischer Tradition

Severin Ostermann und seine Frau Brenda haben das Zunfthaus «zur Zimmerleuten» 1990 übernommen und führen es mit grosser Liebe zur Tradition. Für Severin Ostermann ist es nichts neues, ein Zunfthaus zu führen, war er doch sechs Jahre Zunftwirt auf der «Linde» Oberstrass. Von dort hat er auch seinen Küchenchef Urs Capol mitgenommen. Natürlich stehen auch die schon fast klassischen Zürcher Gerichte wie Kalbsgeschnetzeltes mit Rösti, Leberstückchen mit Salbei, in Speck gerollt und der Ratsherrentopf auf der Karte. Daneben überrascht der junge, innovative Küchenchef aber auch mit raffinierten Kombinationen, denn der weitgereiste Capol hat von den Bermudas, von San Francisco und Acapulco überraschende Ideen mit nach Zürich genommen. Und die lässt er in die Speisekarte des Zunfthauses miteinfliessen.

ZÜRCHER RATSHERRENTOPF

je 4 kleine Scheiben Rinds- und Kalbsfilet, Kalbsmilken, Kalbsnieren, Kalbsleber
4 Cipollatawürstchen
4 dünne Speckscheiben
Salz und Pfeffer
3 Esslöffel eingesottene Butter
½ Teelöffel Salbei, gehackt
je 1 Prise Thymian und Majoran, Peterli
wenig Bratenfond und Bouillon

Die Fleischstücke kurz in der Butter beidseitig braten. Das Fleisch mit Salz, Pfeffer, Majoran und Thymian würzen und an die Wärme stellen. Cipollata kurz abbrühen, abtrocknen und dann zusammen mit den Speckscheiben und Salbei leicht anbraten. Die verschiedenen Fleischstücke auf der Rösti anrichten. Bratenfond mit wenig Bouillon aufkochen. Diesen Saft über das Gericht verteilen, mit Peterli garnieren und sofort servieren.

ZÜRCHER LEBERSPIESSLI

ZÜRCHER LEBERSPIESSLI

Die Leberspiessli schmekken in den «Zimmerleuten» besonders gut. Sie werden auf grünen Bohnen angerichtet und mit Salzkartoffeln garniert.

560 g Kalbsleber
28 Tranchen Speck, halbiert
28 Salbeiblättchen
Salz, Pfeffer aus der Mühle
4 Holzspiesschen
40 g Butter, trockener Weisswein, Kalbsfond oder leichte Bouillon

Kalbsleber in 28 gleichgrosse, rechteckige Stückchen von etwa 20 g schneiden, Specktranchen auslegen und auf jede Tranche ein Stück Leber und ein kleines Salbeiblatt legen. Salzen, pfeffern und einrollen. Je 7 Röllchen auf einen Holzspiess stecken. In der Pfanne in Butter beidseitig je 2 bis 3 Minuten braten. Bratensatz mit wenig Weisswein und Kalbsfond oder Bouillon ablöschen. Die Spiesschen auf die grünen Bohnen anrichten, mit dem Bratensaft begiessen und mit Salzkartoffeln servieren.

ZÜRCHER TIRGGELI

Tirggeli sollte man ganz langsam auf der Zunge zergehen lassen. So erst entfaltet sich der köstliche Geschmack.

400 g Honig, 70 g Puderzucker
4 Esslöffel Rosenwasser
Mehl nach Bedarf, Öl, Butter
je 1 Prise Ingwer, Anis-, Koriander- und Nelkenpulver, Muskatnuss

Honig in einer Pfanne erwärmen, Puderzucker und Gewürze dazugeben. Mit dem Rosenwasser zu Sirup verdünnen. Kaltstellen. Mit so viel Mehl verkneten, bis ein fester Teig entsteht. 2 mm dick auswallen, Model mit Öl bestreichen, Teig darauflegen und leicht anpressen. Ränder abschneiden und die Tirggel auf einem bebutterten und bemehlten Blech bei starker Oberhitze, 220 °C, 1 bis 2 Minuten trocknen lassen, bis die Oberfläche leicht Farbe angenommen hat.

ZÜRI-GSCHNÄTZLETS

Diese fast schon weltberühmte Zürcher Spezialität darf in unserer Rezeptsammlung natürlich nicht fehlen.

600 g Kalbfleisch, von Hand geschnetzelt, Salz und Pfeffer
3 Schalotten
2 dl trockener Weisswein
Salz, Pfeffer
250 g Champignons, frisch
3 Esslöffel eingesottene Butter
1 Esslöffel Mehl
2 dl Rahm
1 Büschel Peterli, gehackt

Eingesottene Butter erhitzen und das gewürzte Fleisch bei starker Hitze kurz anbraten. Aus der Pfanne nehmen und warm stellen. Gehackte Schalotten in die Pfanne geben, anziehen lassen. Gereinigte Champignons in feine Scheibchen schneiden und zu den Schalotten geben. Mit wenig Mehl bestäuben,

Hefti-Pralinés: Zürichs süsseste Verführung sind die handgemachten Pralinés aus dem renommierten Hause Hefti an der Bahnhofstrasse.

Sprayer-Bild: Nachfolger hat Harald Nägeli, der berühmte Zürcher Sprayer, viele bekommen. Aber seine Strichmännchen bleiben unvergessen, und es gibt nicht wenige Hausbesitzer, die es heute bereuen, ihre besprayten Mauern zu früh übermalt zu haben.

Conditorei Schober: Ein Paradies für Naschkatzen. 1865 begann hier das Zuckerbäckermärchen mit Theodor Schober. Die Zürcher lieben dieses nostalgische Café im Niederdorf, das nach dem Tode von Theodor Schober, dem Sohn des Begründers, von der Confiserie Teuscher weitergeführt wird.

Staatskellerei: In einem alten Klosterkeller in Rheinau lagern die Köstlichkeiten der Zürcher Staatskellerei. In immens grossen Holzfässern reifen die bekömmlichen Landweine aus dem Kanton.

Schwarzenbach: Gleich gegenüber der Confiserie Schober liegt das Kolonialwarengeschäft der Familie Schwarzenbach. Hinreissend ist das Angebot in den liebevoll gestalteten Schaufenstern. Das Kaffee-, Nüsse- und Teigwarenparadies, das in fünfter Generation geführt wird, feierte kürzlich sein 125jähriges Jubiläum.

Sprüngli: Die weltberühmte Confiserie am Paradeplatz ist der klassische Treffpunkt der Liebespaare, genauer: die Ecke unter der Uhr.

Sechseläuten: Am zürcherischsten aller Feste reiten Mitglieder der Zünfte um den Böögg auf dem Scheiterhaufen. Je länger es dauert, bis der Kopf brennt, je länger bleibt es Winter.

Markt: Auf dem Bürkli- und auf dem Helvetiaplatz findet jeden Dienstag und Freitag der traditionelle Markt statt.

HEFTI-PRALINES

SPRAYER-BILD

CONDITOREI SCHOBER

STAATSKELLEREI

SCHWARZENBACH

SPRÜNGLI

SECHSELÄUTEN

MARKT

Zürichs Köche kochen zünftig und international

mit Weisswein ablöschen und zur Hälfte einkochen. Danach Rahm dazugeben, etwas eindicken lassen, salzen und pfeffern. Das geschnetzelte Kalbfleisch wieder dazugeben, aber nicht mehr kochen. Mit Peterli bestreuen und zu einer Rösti servieren.

EGLIFILET NACH ZOUFTMÄISCHTER-ART

600 g frische Eglifilet
Salz und Pfeffer aus der Mühle
wenig Weissmehl
120 g Butter
Saft einer halben Limone
½ dl Noilly-Prat (trockener Wermut)
12 gerüstete Flusskrebse
je 1 Sträusschen Estragon, Basilikum, Thymian

Eglifilet leicht mit Salz und Pfeffer aus der Mühle würzen. In Mehl wenden und in nicht zu heisser Pfanne in Butter goldgelb braten, danach warm stellen.

EGLIFILETS NACH ZOUFTMAISCHTER ART

Wenig Butter in die Pfanne geben und die Krebsschwänze schwach braten. Mit Salz und Pfeffer würzen, mit Noilly-Prat ablöschen. Die Krebse herausnehmen und über dem Eglifilet anrichten. Den Limonensaft und die Kräuter beigeben und kurz aufschäumen lassen. Abschmecken, mit Butter verfeinern und über die Eglifilet geben.

Mit Kartoffelperlen servieren.

KUTTELN NACH ZÜRCHER ART

600 g Kutteln, in kleine Vierecke geschnitten, beim Metzger vorgekocht
1 Zwiebel, gehackt
1 Lauchstengel, in Rädchen
2 Esslöffel Butter
1 Teelöffel Zitronensaft
1 Rüebli
1 Stück Sellerie
1 Esslöffel Mehl
1 dl Fleischbouillon
2 dl Weisswein
Salz, Pfeffer, Majoran
½ Teelöffel Kümmel
1 Lorbeerblatt

Zwiebel und Lauch in Butter dünsten. Kutteln, geschältes und halbiertes Rüebli, Sellerie in Würfeln und Zitronensaft dazugeben, kurz anziehen lassen. Mit wenig Mehl bestäuben, mit Weisswein und Bouillon ablöschen. Gewürze dazugeben und zugedeckt 1 Stunde köcheln lassen. Lorbeerblatt, Rüebli und Sellerie herausnehmen, wenn nötig salzen und pfeffern und im Topf servieren. Dazu reicht man Salzkartoffeln oder «Gschwellti».

Ässe in Züri

Zunfthaus «zur Zimmerleuten», Limmatquai 40: Hier bekommen Sie die beliebten Zürcher und Schweizer Gerichte, aber auch französische Spezialitäten. Die Weinkarte ist mit Schweizer Weinen gut versehen.

Zunfthaus «zur Schmiden», Marktgasse 20: In der prachtvollen Zunftstube fühlt sich der Gast sofort wohl, und selbstverständlich bekommt er in der «Schmide» auch Zürcher Spezialitäten.

Bierhalle «Kropf», In Gassen 16: Auf der bayerisch-zürcherischen Speisekarte findet man Schwartenmagen, Rippli, Siedfleisch, Kutteln und Kalbskopf.

«Blaue Ente», Seefeldstrasse 223: In-Beiz der Zürcher mit einer Equipe, die offensichtlich Freude hat, die Schickeria zu verwöhnen.

«Zum grobe Ernst», Stüssihofstatt 16: Die vielen Stammgäste fühlen sich wohl in der Pariser Bistro-Atmosphäre.

«Öpfelchammer», Rindermarkt 12: Dichtgedrängt sitzt man in der «Öli» im 1. Stock bei Wein, Bier und Mostbröckli. Hier ist das Gespräch mit den Tischnachbarn fast wichtiger als das Essen.

«Obere Flühgasse», Flühgasse 69: Hübsche Quartierbeiz, das Essen ist vorzüglich.

Jackys «Stapferstube», Culmannstrasse 45: Hier bekommt man die grössten Fleischstücke von Zürich.

«Nouvelle», Erlachstrasse: Patron Ueli Steinle managt das Restaurant mit sicherem Geschmack, sein Chefkoch unterstützt ihn in der Küche auf das Vortrefflichste.

Bierhalle Kropf: Ab 19 Uhr bleibt in diesem volkstümlichen Lokal kein Stuhl unbesetzt. Serviertöchter von altem Schrot und Korn servieren hier bodenständige Köstlichkeiten und vor allem frisches Bier.

Agnes Amberg: Agnes Amberg hat von den Gourmetpäpsten Gault und Millau 18 von 20 Punkten bekommen. Zu Recht. Wohl nirgends in Zürich kann man so abwechslungsreich dinieren wie bei AA. Und die Dame des Hauses steht selber am Kochherd, mittags und abends.

Zunfthaus zur Waag: Das seit 1968 unter Denkmalschutz stehende Zunfthaus ist liebevoll dekoriert. «Zünftige» Gerichte wie Leberspiessli, Zürcher Zouft-Spezialität, Kutteln nach Zürcher Art und Zouftschrybertopf stehen hier auf der Karte.

Rebe-Bar: Zürich ist auch Hauptstadt der Yuppies, der Jungen, Erfolgreichen. Zur Apéro-Zeit treffen sie sich bei einem Cüpli Champagner in einer der zahlreichen Bars.

Öpfelchammer: Aufforderung an alle Möchtegern-Sportler: Wenn Sie es in Gottfried Kellers Stammlokal schaffen, sich an den Deckenbalken hochzuziehen und zwischendurch zu schlüpfen, bekommen Sie nicht nur ein Glas Wein gratis, Sie können auch noch Ihren Namen in die Wand oder in die Tische ritzen, sofern es noch Platz hat.

Oscar's: Peter Bührers Leidenschaft gilt der Schweizer Küche. Und die serviert er mit grossem Erfolg in seinem «Oscar's» im Zürcher Seefeld. Er hat in Klöstern und Archiven nach alten Rezepten gesucht, hat sie modernisiert und entschlackt.

Kronenhalle: Wer in gediegener Umgebung, in Gesellschaft zahlloser Bilder weltbekannter Maler und der Zürcher High-Society tafeln will, sitzt in der «Kronenhalle» goldrichtig.

Blaue Ente: In die «Blaue Ente» geht man nicht nur wegen des Essens, das zwar vorzüglich ist, hier will man auch die Atmosphäre geniessen, die Monica und Rudolf Weber im High-Tech-Lokal verbreiten.

BIERHALLE KROPF

AGNES AMBERG

ZUNFTHAUS ZUR WAAG

REBE-BAR

ÖPFELCHAMMER

OSCAR'S

KRONENHALLE

BLAUE ENTE

Das Appenzellerland
ist reich an Spezialitäten.
Neben dem aromatischen
Käse finden wir
vor allem verschiedene
Würste und den berühmten
Alpenbitter.

FOTOS: LOTTI BEBIE   TEXT: VERENA THURNER-MACKERT   Geschnitzte Figuren: Klarer, Appenzell

APPENZELL

Schier endlos ziehen sich die sanften Hügel des Appenzellerlandes in den Horizont hinein. Die Heimetli schmiegen sich vertraut in die liebliche Landschaft. Die Stille wird vom Kuhgebimmel eher unterstützt als unterbrochen. Die Idylle ist perfekt. Doch ist es keine Postkarten-Idylle. Die Idylle lebt. Die bunten Bilder der naiven Maler sind nicht Nostalgie einer heilen Welt; die Welt im Appenzell ist noch heil. Kein Wunder, dass sich auch die ursprüngliche Appenzeller Küche in dieser Atmosphäre von gelebtem Brauchtum halten konnte. Ein Bewahrer und Förderer der einheimischen Spezialitäten ist Charly Gmünder (Bild) vom «Bären» in Gonten. Seine urchigen Gerichte

sind weit hinaus über die Grenzen der beiden Halbkantone bekannt und beliebt. Gmünder hat den Sennen auf der Alp über die Schultern geschaut, vergessene Rezepte ausgegraben und verfeinert. Er präsentiert sie nun in gepflegter Atmosphäre.

Urchige Spezialitäten mit ländlichem Charme

Charly Gmünder führt in 5. Generation den «Bären» in Gonten. Seiner Küche merkt man die Freude an den heimischen Spezialitäten an. Und die Gäste lohnen es ihm. Von weit her kommen sie angereist und verlangen Appenzeller Gerichte wie Fenz, Chemi-Soppe und Appenzeller Gitzi. Vor allem das Gitzi, aus einheimischer Zucht selbstverständlich, ist der absolute «Renner» im «Bären».

Sämtliche Appenzeller Rezepte stammen von Charly Gmünder. Er hat für unsere Leser sozusagen sein Küchengeheimnis gelüftet.

Beim Nachkochen wünscht er Ihnen viel Erfolg.

FENZ (SENNENSPEISE)

I Ohrentasse Milch, I Ei
I Esslöffel Mehl
60 g Butter
Salz

Mehl mit Ei und Milch zu einem Teig rühren.

Die Butter erhitzen, bis sie haselnussartig schmeckt. Den vorbereiteten Teig im Sturz auf einmal zugeben und auf kleinem Feuer gut rühren.

Leicht salzen und sofort servieren.

CHEMI-SOPPE MIT GRÖSCHTETEM BROD

30 g Butter
I feingehackte Zwiebel
I–2 Esslöffel Kümmel
I Liter hausgemachte Fleischsuppe
I Esslöffel Schnittlauch, feingeschnitten
I Esslöffel in Butter geröstete Brotwürfel

Feingehackte Zwiebel und Kümmel in Butter andämpfen.

Mit der hausgemachten Fleischsuppe aufgiessen. Auf kleinem Feuer etwa 10 Minuten leicht kochen.

Den Schnittlauch in die Suppe geben. Würzen.

Die Brotwürfel separat dazu servieren.

CHÖNGELIROGGE

CHÖNGELIROGGE MIT BASILIKUM

I Kaninchenrücken
Salz, Pfeffer aus der Mühle
I Esslöffel Basilikumstreifen
2 Esslöffel eingekochte Butter
SAUCE
I feingehackte Zwiebel
I Bund feingeschnittenes Basilikum
I dl lieblicher Weisswein
I dl Kaninchenfond
Tafelbutter zum Aufmontieren

Den Kaninchenrücken würzen und in eingekochter Butter anbraten. Das Fleisch in einen Bräter legen. Basilikumstreifen zugeben und mit der Bratbutter übergiessen. Im vorgewärmten Backofen bei 250 Grad etwa 8 Minuten «rosa» braten.

Unterdessen die feingehackte Zwiebel in Butter glasig dämpfen. Basilikum beigeben, mit Weisswein ablöschen und etwas einkochen. Den Kaninchenfond zugeben und die Sauce mit Tafelbutter aufmontieren. Würzen.

Das gebratene Fleisch vom Knochen lösen, tranchieren und mit der Sauce anrichten.

Mit den Linsen servieren (Rezept nachfolgend).

LINSE-KÖCHT

250 g Linsen über Nacht in kaltes Wasser einlegen.
I feingehackte Zwiebel
I durchgepresste Knoblauchzehe
50 g kleine Speckwürfel
Bouillon
Pfeffer aus der Mühle
I Prise Cayennepfeffer
30 g Butter

Die Linsen aus dem Einlegewasser nehmen und nochmals mit kaltem Wasser überbrausen.

Gehackte Zwiebel, durchgepresste Knoblauchzehe und Speckwürfel andämpfen.

Die Linsen beigeben und mit Bouillon aufgiessen, bis sie knapp bedeckt sind.

Zugedeckt während etwa 7 Minuten kochen.

Dann die Flüssigkeit in eine Pfanne sieben und um die Hälfte einkochen. Mit Butter aufmontieren und die Sauce wieder zu den Linsen geben.

Würzen.

CHÄS-MAGERONE

200 g mittlere Hörnli
250 g Kartoffeln
4 Liter gut gesalzenes Wasser
etwa 150 g Appenzellerkäse, gerieben
150 g Rässkäse, gerieben
I–2 Zwiebeln, in Streifen geschnitten, 100 g Butter

Das Salzwasser aufkochen.

Die geschälten Kartoffeln halbieren und in Scheiben oder Würfel schneiden.

In das Salzwasser geben und zu einem Drittel weich kochen. Dann die Teigwaren beifügen und al dente kochen.

Abgiessen.

Kartoffeln und Hörnli lagenweise mit dem Käse in eine Schüssel geben.

Im Backofen kurz warm stellen.

Die Zwiebelstreifen in etwas Butter goldbraun rösten. Die restliche Butter beigeben und alles über die Chäs-Maggerone verteilen.

Mit einem frischen, noch leicht warmen Apfelmus begleiten.

Chüschtiger Käse: Damit der rassige Appenzeller Käse sein würziges Aroma behält, wird er vor dem Export mit Wachs behandelt. Von den über eine Million Laibe pro Jahr, die in der Käserei Züger in Appenzell produziert werden, gehen fast die Hälfte ins Ausland.

Hauptort von Ausserrhoden: Herisau will keine Stadt sein. Trotz seiner 15 000 Einwohner und den herrschaftlichen Häusern ist es denn auch ein Dorf geblieben.

Vielbewundertes Dorfbild: Gais, schon im 18. Jahrhundert als Molkenkurort bekannt, hat 1977 für die Erhaltung des prachtvollen Dorfplatzes den Wakker-Preis des Schweizerischen Heimatschutzes erhalten.

Farbenprächtig: Die Festtagstracht tragen die Appenzellerinnen vor allem an den kirchlichen Feiertagen.

Appenzeller Bauernmalerei: Markus Fischli von Appenzell und seine Frau Ruth malen seit 25 Jahren mit grossem Erfolg die ländlichen Szenen.

Im «Bärli» gibt's Forellen: Vom Mai bis August gibt es im «Bärli», in einer echten Appenzeller Bauernstube, die frischesten Forellen aus der Sitter. Ein wahrer Festschmaus!

Ein kleines Bijou: Idyllisch liegt das Restaurant «Sonder» zwischen Hundwil und Appenzell, beliebter Treffpunkt der Wanderer. Einen «Grüüsigen» sollten Sie hier verlangen. Der Schnaps – Trester mit Wermutkraut – schmeckt wie er heisst, soll aber ungeheuer gesund sein. Gerne stärken sich die Appenzeller auf dem Marsch zur Landsgemeinde mit ihm.

Monatsmarkt: Schuhe zum Arbeiten und nicht zum Tanzen werden auf dem bäuerlichen Monatsmarkt in Appenzell angeboten. Doch der Markt dient nicht nur dem Kaufen. Hier werden Erfahrungen aus Hof und Stall ausgetauscht.

CHÜSCHTIGER KÄSE

HAUPTORT VON AUSSERRHODEN

VIELBEWUNDERTES DORFBILD

FARBENPRÄCHTIG

APPENZELLER BAUERNMALEREI

IM «BÄRLI» GIBT'S FORELLEN

EIN KLEINES BIJOUX

MONATSMARKT

Genügsame Sennenspeisen, aber raffiniert verpackt

Viele Appenzeller Gerichte basieren auf dem würzigen Käse wie untenstehendes Rezept vom Appenzeller Chäs-Schoope und Chäs-Magerone.

APPENZELLER CHÄS-SCHOOPE

400 g 1–2 Tage altes dunkles Bauernbrot
viel Butter
KÄSEMASSE
200 g fetter Appenzellerkäse
200 g Rässkäse
1 Prise Muskatnuss
Pfeffer aus der Mühle
1 dl Rahm
viel Schnittlauch, feingeschnitten

Das Brot wie für Fondue in Würfel schneiden und in viel Butter goldbraun anrösten.

Für die Käsemasse den Käse raffeln und mit Pfeffer und Muskat würzen. Mit dem Rahm zu einem festen Brei mischen.

Die Käsemasse über die heissen Brotwürfel geben (in der Pfanne) und so lange schwenken, bis sie mit der Käsemasse schön überzogen sind.

Den Chäs-Schope anrichten und mit viel feingeschnittenem Schnittlauch bestreuen.

Sofort servieren.

GITZI-CHÜECHLI

APPENZELLER GITZI (ZICKLEIN) GEBACKEN

Zicklein sind hier oder im Bündnerland saisonbedingt vor und nach Ostern während etwa 8 bis 10 Wochen erhältlich.

Notfalls können diese Tiere für einige Wochen tiefgekühlt werden.

Das ideale Gewicht beträgt 9 bis 12 Kilo.

Rücken und Schlegel werden «rosa» gebraten, die übrigen Stücke werden zerschnitten wie Voressen (ca. 80 g schwer), den Hals etwas ausbeinen.

Das Voressen wird blanchiert (kurz aufgekocht und abgekühlt). In einem rassigen Fond mit Mirepoix und Gewürzen (Thymian, Lorbeer, Nelken, Rosmarin, Majoran, Basilikum, Pfeffer) knapp gar gekocht. Im Fond erkalten lassen und je nach Gebrauch mehlen und im Bierteig ausbacken.

Mit Tatarsauce heiss servieren.

Mit Petersilie und Zitronenscheiben garnieren.

BIERTEIG

250 g Mehl
2 dl Bier
3 Eigelb
Salz, Pfeffer und Muskat mischen und 3 steifgeschlagene Eiweisse kurz vor dem Ausbacken unterziehen.

Rücken und Schlegel wären zu schade, um gebacken zu werden. Diese Stücke sollten als Grand-pièce gebraten und mit Kartoffeln und Gemüse-Bouquet serviert werden.

APPENZELLER BIBERFLADEN

320 g Zucker
1 kg halbweisses Ruchmehl
1 Prise Salz
30 g Vanillezucker
400 g Honig, 0,5 dl Milch
3 Eier
je 1 Esslöffel Zimt-, Muskatnuss-, Kardamom- und Ingwerpulver, 30 g Backpulver

Honig, Milch, Zucker und Salz werden in eine Pfanne gegeben und langsam erhitzt. In einer Schüssel unter öfterem Rühren erkalten lassen. Sobald die Masse lauwarm ist, werden die Gewürze, der Vanillezucker und die Eier daruntergemischt. 750 g Mehl und das Backpulver sieben und zur Masse mischen. Das restliche Mehl unter den Brei arbeiten. Teig ruhen lassen und fingerdicke, runde Fladen auswallen. Mit Milch bestreichen und auf gut gefettetem Blech auf 180°C etwa 20 Minuten backen.

„Sönd willkomm"

Restaurant «Bärli», Appenzell: Hier bekommen Sie wunderbar frische Forellen aus der Sitter und den Nebenbächen.

Restaurant «Säntis», Appenzell: Sehr zu empfehlen ist das Appenzeller Menü, sofern man Appenzeller Käse mag, denn der kommt reichlich vor.

Restaurant «Kreuz», Urnäsch: Im «Kreuz» bekommen sie fast alles, was mit Käse zusammenhängt.

Restaurant «Krone», Trogen: Direkt am Landsgemeindeplatz liegt dieses historische Gebäude mit der prächtigen Fassade. Spezialität des Hauses sind frische Forellen.

Restaurant «Sonder», Stein: Klein, aber sehr fein ist dieses zwischen Hundwil und Appenzell gelegene Restaurant.

Restaurant «Ochsen», Stein: In der Gartenwirtschaft mit Sicht auf die Hundwiler Höhe schmeckt der Wienachtswein noch besser.

Restaurant «Anker», Teufen: Im «Anker» mit der zugehörigen Metzgerei ist man auf Appenzeller Gerichte spezialisiert.

Champignons Suisses: 2000 Tonnen Champignons wachsen jährlich bei Kuhn in Herisau. In grossen Hallen, auf mehrstöckigen Gestellen, gedeihen die berühmten Weissen und würzigen Braunen.

An den Fels gebaut: Das Berggasthaus Aescher-Wildkirchli ist buchstäblich an den Fels gebaut. Die Rückwand des Hauses besteht nur aus Fels. Hier wird der Wanderer mit Speis und Trank und einer prächtigen Aussicht verwöhnt.

«Höchster» Appenzeller: Der Säntis (im Hintergrund) mit seinen 2502 Metern ist höchster Punkt des Kantons. Von dessen Gipfel bietet sich ein imposantes Panorama des gesamten Alpenkranzes.

Traditionsreiches Gewerbe: Bei Hans Fuchs in Appenzell entstehen die beliebten Gürtel. Die Figürchen werden ausgesägt und auf die Lederbänder montiert.

Landsgmend-Wy: Aus Wienacht kommt der Appenzeller Wein. Die Appenzeller haben aber nicht nur eigenen Wein, mit dem Appenzeller Bier, vorher Locher-Bräu, auch ihre eigene Biermarke.

Rokokofassade: Umrahmt von Palastbauten aus dem 18. Jahrhundert ist der Dorfplatz von Trogen eine Sehenswürdigkeit. In der «Krone» (Bild), dem historischen Gebäude mit der Rokokofassade, serviert man die Hausspezialität, frische Forellen.

Appenzeller Bläss: Braun war ursprünglich der Appenzeller Bläss und ein wachsamer Hofhund soll er sein.

Gar nicht Dibidäbi: Kalt, mit Eis serviert, so schmeckt der Alpenbitter am besten. Auf unserem Bild wird er gerade gefiltert. Als «federleicht süss – versteckt herb» bezeichnen Fachleute das mit 42 Kräutern aromatisierte Kräuterelixier.

CHAMPIGNONS SUISSES

AN DEN FELS GEBAUT

«HÖCHSTER» APPENZELLER

TRADITIONSREICHES GEWERBE

LANDSGMEND-WY

ROKOKOFASSADE

APPENZELLER BLÄSS

GAR NICHT DIBIDÄBI

17

Höhepunkte der Zuger Küche: Forellen auf Zuger Art mit vielen frischen Kräutern, eine Chässuppe mit Spiegelei und die berühmte Zuger Kirschtorte.

FOTOS: HANSJÖRG VOLKART   TEXT: VERENA THURNER-MACKERT

ZUGERLAND

Eine Schweiz en miniature – das ist Zug, unser kleinster Kanton. Inmitten einer malerischen Landschaft mit See und Bergen gelegen, reich an bäuerlichen Traditionen, an verträumten Altstadtwinkeln und touristischen Sehenswürdigkeiten; daneben das geschäftstüchtige Zug mit seiner modernen City, mit zahlreichen Niederlassungen internationaler Firmen, die dank idyllischer Steuern die Kleinstadt als Firmensitz gewählt haben. Einer, der diese Entwicklung aktiv mitgestaltet hat, ist Walther Hegglin (Bild), langjähriger Stadtpräsident und Besitzer des traditionsreichen Hotels und Restaurants «Ochsen». Illustre Gäste sind hier ein- und ausgegangen: Der Mailänder

Bischof Carlo Borromeo, König Louis-Philippe von Frankreich, die Dichter Klopstock und Goethe genossen die Gastfreundschaft im «Ochsen». Walther Hegglin und seine Frau haben es verstanden, die Errungenschaften der neuen Zeit in die Traditionen des Hauses einzubetten.

19

Rund um den Zugersee gibt es Fisch

Trotz der vielen fremden Einflüsse und der Bevölkerungsexplosion in den letzten Jahren haben sich im Kanton Zug die Traditionen gehalten. So auch auf dem Speisezettel. Der Lage am See verdanken die Zuger eine Fülle von Fischrezepten. So stehen denn fast in allen Restaurants rund um den See die Fischgerichte an erster Stelle.

Einige Spezialitäten überschneiden sich mit denen aus anderen Innerschweizer Kantonen, wie zum Beispiel der Chriesiprägel, den man auch im Kanton Luzern kennt.

Dem Fischangebot haben wir Rechnung getragen. Hier zwei Fischrezepte, wobei die delikaten Zuger Rötel nur zwischen Mitte November und Mitte Dezember erhältlich sind.

Ässe im Zugerland

Restaurant «Wildenmann», Buonas: Mit Blick auf den Zugersee können Sie hier wunderbare Fischspezialitäten essen.

Restaurant «Wart», Hünenberg: Schon von weitem sieht man das Restaurant «Wart» mit seinen prächtigen Malereien auf der Fassade. Bei schönem Wetter sitzt man unter Kastanienbäumen im Garten.

Restaurant «Krone», Neuheim: Seit Jahrzehnten gibt es hier die knusprigen Poulets und dazu natürlich einen Kabissalat.

Gasthaus «Kreuz», Baar: Hier gibt's den besten Kafi-Schnaps weit und breit. «Mühlegässler» müssen Sie verlangen!

Restaurant «Krone», Sihlbrugg-Dorf: Treffpunkt der Reiter. Prinz Philip von Grossbritannien ist auch schon in der «Krone» eingekehrt.

CHRIESIPRÄGEL

CHRIESIPRÄGEL

1 kg entsteinte Kirschen
1 Esslöffel Butter
2 Esslöffel Mehl
3 dl Rotwein
Zucker, geröstete Brotwürfeli

Das Mehl langsam in der geschmolzenen Butter rösten. Mit Rotwein ablöschen und etwa zehn Minuten kochen lassen. Die gewaschenen Kirschen mit Zucker nach Belieben beifügen und kurz aufkochen lassen. Beim Anrichten streut man geröstete, kleine Brotwürfel auf das köstliche Gericht.

ZUGER CHÄSSUPPE

300 g Brotrinden (mit Vorteil Anschnitte)
1 Liter Bouillon
4 Zwiebeln, gehackt
200 g Käse, gerieben
Pfeffer, Muskat
Zwiebelringe, in Butter geröstet
4 Spiegeleier

Die Brotrinden eine Stunde in der Bouillon einweichen. Die gehackten Zwiebeln in der Butter anziehen, Brot ausdrücken und zu den Zwiebeln geben. Mit Holzkelle umrühren, zum Kochen bringen und den geriebenen Käse darundergeben. Mit Pfeffer und Muskat abschmecken. Je nach Konsistenz noch etwas Bouillon dazugeben. Die Käsesuppe soll dickflüssig sein und mit der Gabel gegessen werden können. In Suppentellern anrichten, die gerösteten Zwiebelringe darübergeben und pro Person ein Spiegelei aufschlagen und auf die Suppe legen. Heiss servieren. Als Beilage eignen sich gedämpfte Apfelschnitze.

ZUGER RÖTEL

4 Zuger Rötel
Salz, Pfeffer,
Butter, Zitronensaft
Kräutermischung: Thymian, Rosmarin, wenig Salbei, Majoran, Basilikum, viel Peterli

In einer flachen Kasserolle frische Butter zergehen lassen. Die Rötel hineinlegen, mit etwas Zitronensaft beträufeln. Zudecken und bei mässiger Wärme köcheln lassen (ca. 5 Minuten). Von Zeit zu Zeit die Fische mit der Butter begiessen. Nach halber Kochzeit die Kräutermischung dazugeben und unter zeitweiligem Begiessen mit Butter weiterköcheln lassen.

Vor dem Servieren frisch gehackte Peterli darüberstreuen. Die Rötel in der Kasserrolle servieren.

FORELLEN NACH ZUGER ART

4 Forellen (ausgenommen und pfannenfertig zubereitet)
100 g Schalotten, 100 g Butter
3 Esslöffel gemischte Kräuter: Peterli, Dill, Estragon, Salbei, Kerbel
1,5 dl Weisswein, 1 dl Rahm

Forellen mit Salz und Pfeffer einreiben. Die Schalotten hacken und in der Hälfte der Butter anziehen lassen. Die gehackten Kräuter beifügen und kurz mitdün-

Traditionsreiches Zug: Das Beizenstübli im «Ochsen» in Zug wurde von Hans Hegglin, dem Vater des heutigen Besitzers, umgebaut.

Südliches Zug: Unter Platanen direkt am See oder im 350jährigen Gasthaus «Sternen», am Sonnenufer, gibt es Fisch und nochmals Fisch, frisch aus dem Zugersee.

Innovatives Zug: Seit sieben Jahren verwöhnen Stefan Meier (stehend) und Hubert Erni vom «Rathauskeller» in Zug (17 Punkte im Gault-Millau) ihre Gäste, unter denen Zuger in der Mehrzahl sind.

Hochprozentiges Zug: In diesen Anlagen wird von Mitte August bis Dezember der berühmte Etter-Kirsch destilliert. Der Stolz des Hauses, der Jahrgangskirsch, kommt frühestens acht Jahre nach der Destillation in den Verkauf. Gelagert wird er in Korbflaschen, die in einer Scheune sowohl der Kälte als auch der Wärme ausgesetzt werden. Das ergibt das unvergleichliche Aroma.

Idyllisches Zug: Eine lohnende Etappe für Wanderer ist das «Sihlmätteli» beim Sihlsprung. Hier gibt es wunderbar frische Forellen, aus der nahen Zucht.

Süsses Zug: «Man muss sich ganz schön beeilen, wenn man eine Kirschtorte von Albert Meier von Zug nach Zürich transportieren will, ohne dass der Kirsch durch die Packung tropft» (Originalton eines Einheimischen).

Aussichtsreiches Zug: Eine umwerfende Aussicht geniesst man vom Restaurant «Blasenberg», oberhalb Zugs, auf halbem Weg in Richtung Zugerberg. Auf Bestellung bekommt man hier eine seltene Spezialität: Kapaun mit Safranrisotto.

Gediegenes Zug: Gleich gegenüber der bekannten Verena-Kapelle, beliebt für Hochzeiten, liegt das Hotel-Restaurant «Waldheim» in Risch. Unter den schattenspendenden Bäumen geniesst der Ausflügler Znüni-Plättli, und der Gourmet wird mit einem 5-Gang-Menü verwöhnt.

TRADITIONSREICHES ZUG

SÜDLICHES ZUG

INNOVATIVES ZUG

HOCHPROZENTIGES ZUG

IDYLLISCHES ZUG

SÜSSES ZUG

AUSSICHTSREICHES ZUG

GEDIEGENES ZUG

Bekanntester Exportartikel ist der Kirsch

sten. Die Forellen leicht biegen und in eine Auflaufform legen. Mit Schalotten und Kräutern bestreuen. Mit einer Folie bedecken und 10 Minuten im vorgeheizten Ofen bei 200°C dünsten. Den Weisswein dazugeben und weitere 10 Minuten dämpfen. Die Fische aus der Form nehmen und warmstellen. Den Sud in eine Pfanne giessen. Auf die Hälfte einkochen lassen, den Rahm beifügen und ohne zu kochen etwas eindicken lassen.

CHABISBÜNTELI

Leider wird diese alte Spezialität fast nirgends mehr gekocht. Wir wollen Ihnen trotzdem das Rezept geben.

I grosser Weisskabis
250 g gehacktes Rindfleisch
30 g dunkles Brot
2 Zwiebeln
80 g Butter
Salz, Pfeffer
I Esslöffel Peterli, gehackt
2,5 dl Fleischbouillon

Kabis in einzelne, möglichst grosse Blätter teilen und in kochendem Salzwasser etwa 8 Minuten weichkochen, sie sollten noch knackig sein. Aus dem Wasser nehmen und auf einem Tuch abtrocknen lassen. Die Zwiebeln fein hacken, in der Butter hellgelb dünsten und das gehackte Rindfleisch dazugeben, gut mischen und kurz anbraten. Wenig Bouillon beigeben und mit Peterli, Salz und Pfeffer würzen. Diese Masse, jeweils 3 bis 4 Esslöffel, auf die einzelnen Kabisblätter geben und zu einer Kugel zusammendrücken. Mit einer Bratenschnur zusammenbinden. Die Bünteli in eine Form geben, mit der Bouillon übergiessen und zugedeckt weichdämpfen. Dazu serviert man einen selbstgemachten Kartoffelstock.

ZUGER KIRSCHTORTE

Die Zuger Kirschtorte ist nicht ganz leicht herzustel

ZUGER KIRSCHTORTE

len. Passionierte Kuchenbackerinnen werden sich aber kaum davon abhalten lassen. Das Resultat lohnt auf alle Fälle den Aufwand.

BISKUIT:
3 Eigelb, I Ei
130 g Zucker
60 g Mehl
60 g Kartoffelmehl
Zeste einer halben Zitrone
I Teelöffel Vanillezucker
½ Teelöffel Backpulver
4 Eiweiss

JAPONAISBODEN:
3 Eiweiss
80 g Zucker
70 g Mandeln

BUTTERCRÈME:
200 g Butter
150 g Puderzucker
4 Esslöffel Zuger Kirsch
I Esslöffel Johannisbeergelee

SIRUP:
1,5 dl Kirsch
0,5 dl Wasser
40 g Zucker

Eine Springform von 24 cm Ø buttern und mehlen. Zucker, Eigelb, Zitronenschale und das ganze Ei zu einer Crème schlagen. Das Mehl, Kartoffelmehl, Backpulver und Vanillezucker vorsichtig unter die Crème ziehen. Das Eiweiss steif schlagen und daruntermischen. Die Masse in die Form füllen und bei 170°C etwa 50 bis 60 Minuten bakken. Für den Japonaisboden das Eiweiss steif schlagen und unter Rühren die Hälfte des Zuckers beifügen. Den restlichen Zucker mit den Mandeln mischen und diese langsam beigeben. Die Masse auf zwei gebutterte und

gemehlte Springformen verteilen und bei 150°C etwa 15 bis 20 Minuten backen. Dann sofort von der Form lösen und auf einem Gitter erkalten lassen.

Butter mit dem Puderzucker schaumig rühren. Kirsch und Johannisbeergelee beigeben. Den ersten Japonaisboden mit dieser Buttercrème bestreichen. Das Biskuit halbieren, die braune Backseite vorsichtig abschneiden und auf die Crème setzen.

Wasser und Zucker zu einem dicklichen Sirup kochen, den Kirsch beigeben. Nachdem der Sirup erkaltet ist, wird das Biskuit getränkt. Wieder mit Buttercrème bestreichen und mit dem zweiten Japonaisboden zudecken. Diesen wiederum mit Buttercrème bestreichen. Die Torte rundherum ausstreichen, so, dass sie rund ist. Mandelscheiben in Butter goldgelb rösten und den Rand der Torte damit auskleiden. Die Oberfläche mit viel Puderzucker bestreuen.

Vier Zuger Konditoreien machen sich den Rang streitig, die beste Kirschtorte zu backen. Eine klare Meinung gibt es auch unter den Einheimischen nicht. Am besten essen Sie sich durch alle vier Konkurrenzprodukte und bilden sich Ihre eigene Meinung.

Überliefertes Zug: Zwischen Oberägeri und Sattel am Ägerisee liegt der Gasthof «Eierhals», eine beliebte Fischbeiz. Der lustige Name geht angeblich auf einen fröhlichen Müller zurück, der jauchzte. Und jauchzen hiess früher «heien». Aus dem «Heier» (Jauchzer) wurde mit der Zeit «Eier». Der zweite Teil des Wortes kommt von (Schrei-) Hals.

Futuristisches Zug: Den einen ein Ärgernis, den andern ein Symbol moderner Architektur: Das Marc-Rich-Gebäude beim Bahnhof Zug, Ausdruck des mächtigen Finanzplatzes.

Volkstümliches Zug: «Wie imene hölzige Himmel» gehe es manchmal zu und her in der Wirtschaft «Brandenberg». Besonders während des Stierenmarktes schleppt das liebenswürdige und geduldige Servicepersonal Unmengen von Tranksame herbei.

Bäuerliches Zug: Zu einem riesigen Volksfest gestaltet sich der Stierenmarkt, der am ersten Mittwoch und Donnerstag im September stattfindet.

Klösterliches Zug: Entweder an der Klosterpforte oder im nahen Gasthof «Gubel» auf dem gleichnamigen Hügelzug bekommt man die beliebten «Gubelchräpfli», im Volksmund auch «Nonnenfürzli» genannt.

Fischreiches Zug: Jeden Tag um 4 Uhr früh holt Emil Speck die Felchennetze ein. Im Verlaufe des Morgens folgen die Egli (Bild) und die weniger beliebten Schwalen. Der bekannteste Zuger Fisch, der Rötel, hat nur eine kurze Fangsaison: von Mitte November bis Mitte Dezember. Während der übrigen Zeit wird er nur vereinzelt gefangen.

Katholisches Zug: Unter grosser Anteilnahme der gläubigen Bevölkerung werden die katholischen Feste gefeiert. Auf unserem Bild die Fronleichnamsmesse auf dem Landsgemeindeplatz.

Verwinkeltes Zug: In der historischen Zuger Altstadt, gleich neben dem Zytturm, steht das bekannte und beliebte Restaurant «Aklin» mit der dazugehörigen Metzgerei.

ÜBERLIEFERTES ZUG

FUTURISTISCHES ZUG

VOLKSTÜMLICHES ZUG

BÄUERLICHES ZUG

KLÖSTERLICHES ZUG

FISCHREICHES ZUG

KATHOLISCHES ZUG

VERWINKELTES ZUG

23

Aufgerollter
Härdöpfelchueche,
Salzchueche, Zibele- und
Nidlechueche sind
typische Vertreter der
bäuerlichen Küche
des Seelands.

FOTOS: HANSJÖRG VOLKART. TEXT: MADELEINE KRESSEBUCH Geschirr: Heimatwerk

SEELAND

«Seeland–Gmüesland», wirbt der Prospekt. Das Gebiet zwischen dem Bieler-, Neuenburger- und Murtensee gilt als Gemüsegarten der Schweiz. Das war nicht immer so. Jahrhundertelang hatten die Seeländer gegen verheerende Überschwemmungen anzukämpfen. Erst seit der Juragewässerkorrektion von 1867 besserte sich die wirtschaftliche Lage der Bewohner. Innerhalb von zehn Jahren legte man das Grosse Moos trocken, wo seit dem Zweiten Weltkrieg in grossem Stil Gemüse angebaut wird. Die Küche des Seelands ist von zwei Traditionen bestimmt. Der währschaften, bäuerlichen steht das kulinarische Erbe der Fischer gegenüber. Fischspezialitäten werden entlang den drei Seen von vielen Köchen liebevoll gepflegt, so zum Beispiel von Hans Erni (Bild) im Restaurant «Des Bains» in Murten. Aufgewachsen ist

Hans Erni am Vierwaldstättersee. Seit elf Jahren führen er und seine Frau das «Bädli» am Murtensee.

25

Feinste Fische und auch zünftige Armensuppe

Typisch für die Seeländer Küche sind die verschiedensten Kuchen – häufig mit Gemüse belegt und «Chueche» genannt –, aber auch die schmackhaften Suppen und Eintöpfe und natürlich Fische aus den einheimischen Seen.

EGLIFILET NACH VULLY-ART

EGLIFILETS NACH VULLY-ART

500 g Eglifilets
Salz und Pfeffer
½ Zwiebel, fein gehackt
60 g Champignons, gescheibelt,
2 dl Weisswein von Vully
Kräutermischung aus frischem Kerbel, Dill, Estragon, wenig Schnittlauch, alles fein geschnitten
1 dl Rahm, geschlagen

Die Eglifilets würzen. Den Wein mit den Zwiebeln aufkochen, die Fische darin kurz pochieren, herausnehmen und warmstellen.

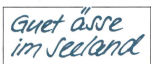
Kräuter und Pilze zum Wein geben, den Rahm zufügen, etwas einkochen, mit wenig Mehlbutter zu einer sämigen Sauce binden. Nach Belieben etwas Schlagrahm und Schnittlauch unterziehen.

HÄRDÖPFEL-CHUECHE NACH SEELÄNDER ART

Kartoffelkuchen war die Speise der armen Bauern, die sich nur kleine Mengen vom teuren Mehl leisten konnten.

800 g Kartoffeln
80 g Mehl
etwas Salz
1 Esslöffel Rapsöl
wenig Butter
etwas Rahm

Kartoffeln kochen, schälen und durchs Passevite treiben. Auskühlen lassen, Mehl, Salz und Rapsöl beifügen und alles tüchtig kneten.

Auf einem mit Mehl bestäubten Brett auf Kuchenblechgrösse (Durchmesser 25 cm) dünn auswallen. Auf ein eingefettetes Blech stürzen. Etwas Rahm darübergiessen. Auf der untersten Rille im sehr heissen Backofen etwa 15 Minuten backen. Kartoffelkuchen wird aufgerollt und von Hand warm gegessen.

MURTENER SPÄCKCHUECHE

Der Speckkuchen wird mit einem Rest Brotteig gemacht und ähnlich wie eine Pizza auf dem Boden des Holzofens gebacken. Im elektrischen Backofen wird ein Backblech verwendet.

TEIG:
300 g Mehl
20 g Hefe
1 Teelöffel Salz
1½–2 dl lauwarmes Wasser

Alle Zutaten zu einem Hefeteig verarbeiten. Um das Doppelte gehen lassen.

100 g fetter Speck, in Scheibchen
Salz, 1 Esslöffel Kümmel
etwas Sauerrahm

Den Teig etwa 4 mm dick auswallen und auf ein eingefettetes Blech legen. Mit dem sauren Rahm bestreichen. Speck, Kümmel und Salz darüberstreuen. Etwa 20 Minuten bei 220 Grad backen. Der Kuchen soll hell bleiben.

INSER ARMENSUPPE

Mit dieser Suppe wurden im Winter von behördlicher Seite die Armen von Ins verpflegt. Albert Anker hat diese Szene mit seinem Gemälde «Die Armensuppe», das sich heute im Berner Kunstmuseum befindet, eindrücklich dargestellt.

1 Zwiebel, gehackt
1 Esslöffel Butter
60 g Gerste
1 Speckschwarte
1½ Liter Bouillon oder Wasser
2 Rüben oder 4 Karotten
2 Lauchstengel
1 Stück Sellerie
1 Wirsing, 2 Kartoffeln
Salz, Muskat

Zwiebel in der Butter andünsten, Gerste beifügen, kurz mitdünsten. Speck-

Restaurant «Bädli», Murten. *Geniessen Sie zu den hauseigenen Fischspezialitäten die herrliche Aussicht auf den Murtensee und den Mont Vully, wo der beste Freiburger Tropfen wächst.*

Murtensee. *Zu verdanken haben wir ihn (wie den Neuenburger- und Bielersee auch) dem Rhonegletscher, der die Landschaft vor etwa 600 000 Jahren formte. Im Sommer kann man verschiedenste Wassersportarten betreiben, eine Drei-Seen-Fahrt mit dem Schiff oder eine Velotour rund um den See unternehmen.*

Ofenhäuser. *Nicht jede Bauernfamilie besass früher einen Backofen. Man reservierte sich einen Tag im Gemeindebackhaus. Die Seeländerinnen haben die Einrichtung wiederentdeckt. Im «Ofehüsi» Ried holt Emmi Etter einen herrlichen Kartoffelkuchen aus dem Ofen.*

Chueche *gehört zum traditionellen Speisezettel der Seeländer Bauern, und noch heute ist er ein währschafter Zmittag auf dem Feld.*

Albert Anker (1831–1910). *Der Künstler, berühmt durch seine bäuerliche Malerei, arbeitete manchen Sommer in seinem Elternhaus in Ins. Im Sommerhalbjahr kann das Atelier jeden 1. und 3. Sonntag im Monat besichtigt werden. Auskunft erteilt (032) 83 19 47.*

Geräucherte Felchen. *Als Nebenerwerb betreibt Fischermeister Marcel Martin aus Ligerz eine Fischräucherei.*

Murten *sieht aus wie die kleine Schwester der Bundeshauptstadt. Das Stadttor, 1778 nach dem Vorbild des Berner Zeitglockenturms erbaut, heisst Berntor und ist das Wahrzeichen der Zähringerstadt.*

Feldarbeit. *Viele Gemüsesorten wie etwa Karotten oder Spinat werden maschinell geerntet. Delikatere Gemüse, hier Chinakohl, wird von Hand geschnitten.*

RESTAURANT «BÄDLI»

MURTENSEE

OFENHÄUSER

CHUECHE

ALBERT ANKER (1831–1910)

GERÄUCHERTE FELCHEN

MURTEN

FELDARBEIT

Süsse «Chueche» und salzige «Chueche»

schwarte und Bouillon zufügen, eine Stunde kochen. Inzwischen alles Gemüse rüsten und zerkleinern, zur Suppe geben und nochmals 30–45 Minuten kochen. Abschmecken.

HECHT AUS DEM OFEN

I Hecht, küchenfertig
Salz, Pfeffer, Paprika
Worchestersauce
Zitronensaft
I Esslöffel Mehl
2 dl Weisswein
10 g Butter
Kräutermischung aus frischem Kerbel, Dill, Estragon
wenig Rahm

Den Hecht innen und aussen würzen und mit Mehl bestäuben. In einen Bräter legen und in wenig Öl bei 250 Grad etwa 20 Minuten im Ofen garen. Bei Halbzeit die Butter zugeben. Mit Weisswein ablöschen, übergiessen und nach weiteren 10 Minuten Hecht herausnehmen, warm stellen, Jus reduzieren, Kräutermischung und Rahm beifügen, abschmecken.

NIDLECHUECHE

Fast nicht widerstehen kann man diesem herrlichen Süssgebäck. Es besteht aus Hefeteig und dikkem Rahm, der auch schon leicht angesäuert sein darf.

500 g Mehl
10 g Hefe
2–3½ dl Milch, 50 g Butter
I Teelöffel Salz

Alle Zutaten zu einem geschmeidigen Hefeteig verarbeiten, an einem warmen Ort ums Doppelte aufgehen lassen, auswallen und ein Kuchenblech damit belegen.

2 Eigelb, 80 g Zucker
2½ dl Doppelrahm
I dl Sauerrahm

Alle Zutaten miteinander verquirlen, auf den Teigboden giessen und etwa 30 Minuten bei 200 Grad bakken. Die Füllung sollte goldgelb sein.

HECHT AUS DEM OFEN

GFÜLLTI ZIBELE

8 mittlere Zwiebeln
5 dl Bouillon
350 g Hackfleisch
2 Esslöffel eingesottene Butter
100 g altbackenes Brot
I Ei
I Esslöffel Peterli, gehackt
Salz, Pfeffer

Zwiebeln schälen und in der Bouillon knapp weich kochen. Etwas auskühlen lassen und sorgfältig aushöhlen. Das Zwiebelfleisch fein hacken. Das Brot mit etwas Bouillon aufweichen, ausdrücken, ebenfalls hacken und mit den gehackten Zwiebeln, dem Ei, dem Fleisch vermischen. Mit Peterli, Salz und Pfeffer würzen. Die Zwiebeln mit der Hackfleischmasse füllen, mit Butterflocken belegen und in eine eingefettete Gratinform legen. Die restliche Kochflüssigkeit dazugiessen. Etwa 30 Minuten im heissen Ofen garen.

ZIBELECHUECHE

Zwiebeln werden im Seeland in grossen Mengen gepflanzt. Nicht wenige der Zwiebelzöpfe, die am Berner Zibelemärit verkauft werden, stammen von hier.

250 g Mehl
130 g Butter, eingesotten
I–1½ dl Wasser, ½ Teel. Salz

Alle Zutaten zu einem geriebenen Teig verarbeiten. Kühl stellen.

750 g Zwiebeln, gehackt
3 Esslöffel eingesottene Butter oder Schweinefett
I Esslöffel Mehl, I–2 dl Milch
Salz, Pfeffer
100 g Speck in Scheibchen
2½ dl Rahm oder Doppelrahm

Den Teig ausrollen und ein eingefettetes Blech damit belegen. Zwiebeln im Fett andünsten, mit Mehl bestäuben, mischen, die Milch nach und nach beigeben, bis ein dicker Brei entsteht. Würzen, auskühlen lassen und auf dem Teigboden verteilen. Den Speck darüber verteilen und den Rahm darübergiessen. Bei 220 Grad 35 Minuten backen.

Seeländer Küche einst und jetzt

Bereits vor einigen Jahren hat die Schweizer Spitzenköchin und mehrfache Buchautorin alte und neue Seeländer Rezepte zusammengetragen und als Buch herausgegeben. Dabei hatte sie sich sowohl mit den Koch- und Essgewohnheiten der Seeländer als auch mit Leben und Werk des Seeländer Malers Albert Anker befasst und beides in Zusammenhang gebracht. Die einzelnen Rezepte – einige erscheinen hier – sind von Marianne Kaltenbachs Kommentaren begleitet und machen aus dem Buch mehr als ein Kochbuch. Es ist mindestens so sehr ein Dokument über die Lebensgewohnheiten und -umstände der Menschen, die auf dem Flecken Land zwischen den drei Seen geboren wurden.

«Seeländer Küche» von Marianne Kaltenbach, Hallwag-Verlag, 29.80 Franken

St.-Peters-Insel im Bielersee, *von den Erlacher Reben her betrachtet. Jean-Jacques Rousseau wählte diesen Ort einst als Zufluchtsstätte vor den erzürnten Jura-Bauern.*

Der Gemüsepfad *führt durchs Grosse Moos. Erleben Sie vom Velo aus oder zu Fuss, wie Gemüsebauern ihrer täglichen Arbeit nachgehen. Von Mitte Mai bis Mitte Oktober lernen Sie entlang einer flachen, gut gekennzeichneten Route gegen 100 verschiedene Gemüsesorten kennen. (Velos beim Bahnhof Kerzers vorbestellen.)*

Marc aus Twann, *Werner Ruff ist einer der Winzer, der seinen Treber (Pressrückstände) noch selbst brennt. Bei ihm gibt es im Januar/Februar die für die Bielerseeregion typische Treberwurst, eine saucissonähnliche Wurst, die im Treberdampf erwärmt und mit Marc flambiert wird.*

Gemüseteller, *wie man ihn sich vorstellt im Gemüsegarten der Schweiz, wird er im Landgasthof «Rebstock» in Tschugg serviert.*

Heute auf dem Feld, *morgen im Laden. Es ist das erklärte Ziel der Produzenten, dass ihr Gemüse innerhalb von 24 Stunden auf den Markt gelangt.*

Qualitätsbewusst *sollen die Wirte der Gastro-Gruppe Murten sein, so will es jedenfalls der Präsident Daniel von Känel, der hauptamtlich Wirt vom «Bahnhöfli» und für seine kulinarischen Initiativen bekannt ist.*

Twann. *Ein Besuch des Winzerdorfs lässt sich mit einer Wanderung durch die Reben am Bielersee verbinden, zum Beispiel auf dem Rebenlehrpfad. Machen Sie halt in einem der charakteristischsten Restaurants, und geniessen Sie zum Bielerseefisch ein Gläschen spritzigen Weissen.*

Zuckerfabrik Aarberg. *Der Zuckerrübenanbau hat im Seeland eine lange Tradition. 1912 wurde eine Zuckerfabrik errichtet. Von Oktober bis Dezember werden in Aarberg täglich rund 7000 Tonnen Rüben verarbeitet.*

ST.-PETERS-INSEL IM BIELERSEE

DER GEMÜSEPFAD

MARC AUS TWANN

GEMÜSETELLER

HEUTE AUF DEM FELD

QUALITÄTSBEWUSST

TWANN

ZUCKERFABRIK AARBERG

Was Wiesen, Wald und Teiche hergeben, bestimmt die Küche des Juras. Berühmt geworden sind Köstlichkeiten wie Tête-de-Moine und Vacherin Mont d'Or.

FOTOS: LOTTI BEBIE   TEXT: MADELEINE KRESSEBUCH

JURA

Mit aller Kraft versucht die strahlende Märzsonne den Jura aus dem Winterschlaf zu wecken. Viel zu früh haben milde Temperaturen in seinen Hochtälern Einzug gehalten – just in jenen Gegenden, die wegen ihrer strengen Winter berühmt, ja gefürchtet sind. Bald schon werden sich wieder Pferde und Kühe tummeln auf den endlos scheinenden Weiden, die durch markante Tannengrüppchen und locker aufgeschichtete Steinmäuerchen unterteilt sind. Solche Landschaftsidyllen sind typisch für den Jura. Typisch ist auch seine Vielzahl an Wirtschaften. Es sind einfache Gaststätten mit familiärer Atmosphäre. In manchen Gaststuben ticken als Zeugen einer blühenden Uhrenindustrie wunderschöne, alte Standuhren und Pendulen wie beispielsweise im «Croix fédérale» in Muriaux bei den Wirtsleuten Frésard (Bild). Nicht nur auf ihre sorgsam

renovierte Jurawirtschaft dürfen sie stolz sein, sondern auch auf ihre Speisekarte, wo rar gewordene einheimische Spezialitäten im Mittelpunkt stehen.

Wirtschaften – oft eine gleich neben der andern

Die Wälder des Juras waren einst voll von Morcheln, Steinpilzen und Eierschwämmen. Leider ist der ausserordentliche Pilzreichtum des Juras ein Ding der Vergangenheit. Geblieben sind die Pilzrezepte und die Pilzlust der Jurabewohner, denn noch findet man auf jeder Speisekarte die Croûte aux morilles und das Entrecôte aux morilles. Man behilft sich eben jetzt, wie anderswo auch, mit gedörrten oder Zuchtpilzen.

MORCHELSCHNITTEN

2 Beutel Morcheln, getrocknet	
1 Schalotte, fein gehackt	
2 Esslöffel Butter	
Salz, Pfeffer	
wenig Rahm nach Belieben	
1 Bund Schnittlauch, fein geschnitten	
4 Scheiben Modelbrot	

Die Morcheln einige Stunden im Wasser einlegen, abtropfen lassen, die grossen halbieren. Das Brot in einer Bratpfanne leicht toasten, warm stellen. Die gehackten Schalotten in der Butter dünsten. Die Pilze beifügen, weiterdünsten, bis fast alle Flüssigkeit eingekocht ist. Würzen, den Rahm und den Schnittlauch beifügen. Die Pilzsauce über die (noch warmen) Toastscheiben verteilen.

GEBACKENE KARPFEN

Wer durch die jurassischen Hochmoore wandert, begegnet auf Schritt und Tritt Teichen und kleinen Seen. Sie sind die Lebensräume der Karpfen.

1 Karpfen, pfannenfertig	
3 dl dunkles Starkbier	
Salz	
wenig Mehl	
Öl zum Fritieren	

Den Karpfen in 1 cm dicke Tranchen schneiden, diese 15 Minuten im Bier marinieren. Abtropfen lassen, würzen, im Mehl wenden und im 200 Grad heissen Öl backen, bis sie golden sind. Herausnehmen und auf Küchenpapier abtropfen

GEBACKENE KARPFEN

lassen. Mit Zitrone und Knoblauchmayonnaise servieren. Traditionellerweise verspeist man die gebackenen Karpfen lediglich zusammen mit Brot – und mit den Fingern.

Knoblauchmayonnaise
Mayonnaise herstellen und eine gepresste Knoblauchzehe beigeben.

FORELLEN AN WEINSAUCE

Dieses Rezept stammt aus der Ajoie, dem nach Frankreich hineinragenden Zipfel des Kantons Jura. Die Tatsache, dass die Forellen in Rotwein gegart werden, weist unverkennbar auf den Einfluss der Burgunder Küche hin.

1 Liter Rotwein	
8 Forellen, pfannenfertig	
20 Saucenzwiebelchen	
2 Nelken	
1 Strauss Peterli	
2 Knoblauchzehen	
Pfeffer, Salz	
50 g Butter	
2 Esslöffel Mehl	

Den Rotwein (am besten ein guter Pinot noir) mit den Gewürzen und den Zwiebelchen nicht zugedeckt kö-

Le Jura à table

Unter diesem Titel ist von Jacques Montandon ein Buch auf dem Markt, in dessen Mittelpunkt die Ess- und die damit verknüpften Lebensgewohnheiten der Jurabewohner stehen. Erschienen ist das Werk im Verlag Editions Pro Jura Moutier, in französischer Sprache selbstverständlich. Preis: 48 Fr.

cheln lassen, bis diese weich sind. Gewürze und Zwiebelchen entfernen. Die Forellen mit Salz und Pfeffer würzen und etwa 10 Minuten im Wein ziehen lassen (bis sie aufspringen und sich die Brustflossen mühelos herausziehen lassen), dann aus dem Weinbad heben und warm stellen.

In der Zwischenzeit das Mehl in der Butter dünsten. Wenn es leicht Farbe nimmt, mit dem Weinsud aufgiessen, bis eine leicht gebundene Sauce entsteht. Abschmecken. Die Fische auf Teller anrichten, mit den Zwiebelchen garnieren und mit wenig Sauce umgiessen. Restliche Sauce separat servieren.

FORELLEN AN KRÄUTERSAUCE

Dies ist die Art, wie die Forellen in vielen Restaurants entlang des Doubs auf den Tisch kommen.

4 frische Forellen	
50 g Butter, 1,5 dl Weisswein	
2 Esslöffel gehackte Kräuter (Schnittlauch, Kerbel, Peterli, ein Hauch Thymian und Estragon)	
Salz, Pfeffer	

Die Forellen in der heissen Butter beidseitig kräftig anbraten, mit den Kräutern bestreuen, würzen, mit dem Weisswein ablöschen. Zudecken, Hitze reduzieren, einige Minuten (nicht zu lange!) ziehen lassen, bis sich die Brustflossen mühelos herausziehen lassen. Sauce abschmecken. Mit Salzkartoffeln servieren. Frisches Weissbrot dazureichen, mit dem die köstliche Sauce aufgesogen wird.

La Croix fédérale. Die typische Jurawirtschaft in Muriaux war einst Stammlokal von Künstlern, die sich in die Abgeschiedenheit der Freiberge zurückzogen. Heute treffen sich hier Liebhaber der echten Juraküche.

Zahlreiche Moorweiher prägen das Bild der Freiberge. Der unter Naturschutz stehende «Etang de Gruère» liegt in der Nähe von Saignelégier. Sumpfföhren und Zwergbirken säumen seine Ufer und bilden zusammen mit anderen seltenen Pflanzen eine Hochmoorlandschaft, wie man sie sonst nur im hohen Norden findet.

Uhrenindustrie. Nach wie vor ist sie von grosser wirtschaftlicher Bedeutung für die Region. Präzisionshandwerk, wie es Boîtier Maurice Duplain aus La Chaux-de-Fonds auf seinen bald hundertjährigen Maschinen ausübt, ist heute besonders gefragt. Rund um die Uhr dreht sich auch alles im Internationalen Uhrenmuseum von La Chaux-de-Fonds und im kleineren Uhrenmuseum von Le Locle.

Eleganz auf Rädern gibt es im Musée de l'automobile in Muriaux (gleich hinter dem «Croix fédérale») zu bewundern. Die Sammlung umfasst etwa fünfzig exklusive Sportwagenmodelle aus allen Epochen.

Postkartenidylle in den Freibergen, der Heimat der gutmütigen, rotbraunen Freiberger Pferde.

Hôtel de la Gare, Le Noirmont. Kein gewöhnliches Bahnhofbuffet, sondern über den Jura hinaus bekannter Treffpunkt für Feinschmecker.

Fromagerie au Séchey im Vallée de Joux. Danièle Magnenat, die erste und bisher einzige Schweizer Käsermeisterin, stellt Tomme, Gruyère und in den Wintermonaten selbstverständlich Vacherin Mont d'Or her.

«Juramilch». Absinth – obschon verboten – gehört zum Jura wie die Uhren, die Pferde und die Tannen, deren Äste bis zum Boden reichen.

LA CROIX FÉDÉRALE

ZAHLREICHE MOORWEIHER

UHRENINDUSTRIE

ELEGANZ AUF RÄDERN

POSTKARTENIDYLLE

HÔTEL DE LA GARE

FROMAGERIE AU SÉCHEY

«JURAMILCH»

Oft auf der Speisekarte: Zartes Pferdefleisch

Die Essgewohnheiten der welschen Jurabewohner unterscheiden sich beträchtlich von unseren. So stellt man als Deutschschweizer mit Erstaunen, wenn nicht mit Entsetzen fest, dass in dieser Gegend noch mit Hochgenuss Froschschenkel und Schnecken verzehrt werden. Und dies nicht etwa in dekadenten Gourmettempeln, sondern in jedem Restaurant, das etwas auf sich und seine Speisekarte gibt.

Viel weniger häufig, aber doch hie und da findet man Pferdefleisch im Angebot, was angesichts der zahlreichen Pferde, die dort gehalten werden, nur natürlich erscheint. Meistens sind es Filetsteaks oder Entrecôtes, die wie Rindersteaks «seignant» «à point» oder «bien cuit» bestellt und entweder mit Morchelrahmsauce (siehe Morchelschnitten) oder mit Knoblauchbutter serviert werden.

LES FLOUTTES

Diese Speise – eine Art Kartoffelpfluten – stammt aus der Gegend, wo der Doubs sich wendet, d. h. seine Fliessrichtung von

PFERDESTEAK

Nordost nach Südwest ändert: der Clos du Doubs.

I kg Kartoffeln
200 g Butter
Salz
etwas Mehl

Die Kartoffeln schälen und im Salzwasser weich kochen. Abtropfen lassen und durch das Passevite treiben. 100 g Butter beifügen und so viel Mehl, dass eine kompakte Masse entsteht. Die restliche Butter in einem Pfännchen erhitzen, bis sie braun wird. Mit einem Esslöffel, der erst in die heisse Butter getaucht wird, eiergrosse Knödel (flouttes) formen. Diese in der heissen Butter immer wieder wenden, bis sie rundherum Farbe genommen haben. Auf eine vorgewärmte Platte anrichten, mit der restlichen Butter übergiessen.

OMELETTE SOUFFLÉE FLAMBÉ

3 Eigelb, 3 Eiweiss
50 g Zucker
I Esslöffel Butter
I Gläschen Kirsch oder Grand Marnier

Das Eigelb mit dem Zucker sehr schaumig schlagen. Die Eiweiss steif schlagen und vorsichtig unter den Eischaum ziehen. In einer Bratpfanne die Butter heiss werden lassen und die Omelette darin backen. Vor dem Servieren mit wenig Zucker bestreuen, mit Kirsch oder Grand Marnier begiessen und flambieren.

MILCHRAGOUT

In der Gegend um Saint-Ursanne (Clos du Doubs) hat man seit eh und je Schafe gezüchtet. Hier ein ungewöhnliches, aber köstliches Rezept für einen Eintopf.

I kg Lammvoressen
2 Esslöffel Fett
2 Esslöffel Mehl
I Liter Milch
½ Teelöffel Natron
Salz, Pfeffer
10 Saucenzwiebeln, geschält
I kg Kartoffeln, geschält, geviertelt
I Bund Peterli, gehackt

Das Voressen im Fett gut anbraten, mit Mehl bestäuben, weiterdünsten, bis das Mehl vom Fett absorbiert ist. Die Milch aufkochen, das Natron beigeben, damit die Milch nachher nicht flockt. Das Voressen mit der Milch ablöschen, würzen. Eine gute Stunde zugedeckt köcheln lassen. Dann Zwiebeln, Kartoffeln und Peterli beifügen. Weiterköcheln, bis die Kartoffeln weich sind.

Guet ässe im Jura

Hôtel de la Croix fédérale, Muriaux. Typisches Jurahaus mit typischer Juraküche in typischem Juradorf.
Hôtel des Deux Clefs, St-Ursanne. Weiterum bekannt für seine hervorragende Küche.
Restaurant de l'Ours, Les Bois. Saisonale Spezialitäten, liebevoll vom Patron zubereitet. Ein Geheimtip!
Hôtel de la Gare, Le Noirmont. Erschwingliche Feinschmeckerküche im eleganten Teil, preiswerte Menüs im «Café».

Restaurant des Combettes, La Chaux-de-Fonds. Die Adresse für ein sämiges Neuenburger Fondue. Dazu passt ein Glas «non filtré» von der «Riviera jurassienne».
Hôtel du Doubs, Gaumois. Im unmittelbar am Doubs liegenden Beizli isst man selbstverständlich frische Forellen.
Hôtel Bellevue, Saulcy. Ein familiärer Gasthof, wie man ihn nur noch selten findet, mit ausgezeichneter Küche und originellen Zimmern zu günstigen Preisen.

Wald- und Blütenhonig. Herrlich schmeckt das süsse Naturprodukt aus dem Jura, das in vielen Restaurants zum Kauf angeboten wird.

Vallée de la Brévine, auch Sibirien der Schweiz genannt, liegt in einer über 1000 Meter hoch gelegenen Talmulde, in der sich die Kälte staut, so dass die Temperatur bis minus 40 Grad sinken kann.

Delémont. In der Hauptstadt des jüngsten Kantons findet sich viel Sehenswertes, zum Beispiel die historischen Stadtbrunnen, deren kunstvolle Säulen das rot-weisse Stadtwappen tragen.

Kleine, familiäre Gaststuben wie hier im «Cheval blanc» in La Ferrière sind typisch für den Jura. Hier wärmt man sich bei einem Fondue oder bei einem Kaffee Schnaps auf.

Vacherin Mont d'Or. Die köstliche Käsespezialität aus dem Vallée de Joux wird in die traditionelle Tannenholzschachtel verpackt. Durch leichtes Zusammendrücken bildet sich die charakteristische Wölbung der Rinde.

Restaurant de l'Ours, Les Bois. Die jungen Wirtsleute legen grossen Wert auf feine Küche und persönliche Bedienung. Der Patron steht am Herd, seine Gattin kümmert sich um das Wohl der Gäste.

Saint-Ursanne. Das schmucke Städtchen am Doubs ist ein lohnenswertes Ziel sowohl für Kunstfreunde als auch für Feinschmecker. Erstere kommen wegen der berühmten Stiftskirche, letztere wegen der vielen Fressbeizchen.

«Uhrtümlich», aber auch urgemütlich ist die Gaststube der Wirtschaft «Chez le Baron» in Epauvillers oberhalb von St-Ursanne. Das Auge erfreuen die antiken Uhren, den Gaumen Forellen und Bauernschinken.

WALD- UND BLÜTENHONIG

VALLÉE DE LA BRÉVINE

DELÉMONT

KLEINE, FAMILIÄRE GASTSTUBEN

VACHERIN MONT D'OR

RESTAURANT DE L'OURS

SAINT-URSANNE

«UHRTÜMLICH»

In der klimabegünstigten Gegend am Bodensee, in den fruchtbaren, weiten Flusstälern und in den fast unberührten Voralpengebieten gedeiht alles, was es zu einer gesunden, schmackhaften Küche braucht.

THURGAU

Blühende Obstgärten, stattliche Riegelbauten – der Thurgau zeigt sich von seiner besten Seite. Rund ums Jahr sei's im «Turgi» schön, schwärmen die Einheimischen. Entzückt im Frühling der Blust, so lockt im Sommer das Schwäbische Meer – der Bodensee. Im Herbst reift das Obst – es gibt frischen Most –, und im Winter erwartet den Romantiker entlang den See- und Flussufern eine wundersame Stille. Doch der Thurgau ist nicht nur wegen seiner landschaftlichen Schönheiten ein lohnendes Ziel. Die Lebensfreude seiner Bewohner ist längst so sprichwörtlich wie ihr (ungerechtfertigter) Ruf als Langfinger. Und wo man das Leben geniesst, wird auch Gastlichkeit grossgeschrieben. Gepflegten, familiären Gasthöfen, wie dem «Adler» in Mammern am Untersee, wo Christof und Gabi Meier (Bild) die

Gäste verwöhnen, begegnet man landauf, landab. Einzigartig an ihrem Restaurant ist jedoch die Idee der Selbstversorgung, auf der dieser Familienbetrieb seit Generationen beruht.

Die Menschen herzlich – die Gasthöfe herausgeputzt

Ungefähr achtzig Prozent von dem, was die Gäste des «Adlers» hier als Speis und Trank zu sich nehmen, stammt aus eigener Produktion. Der angegliederte Landwirtschaftsbetrieb, den Vater Meier führt, liefert neben Güggeli und Spargeln auch Wein, Süssmost, Kartoffeln und Gemüse. Im Herbst geht Christof Meier senior in den Thurgauer Wäldern jagen. Das erlegte Wild ist genauso selbstverständlich für die «Adler»-Küche bestimmt wie die Fische, die sein zweiter Sohn Rolf, seines Zeichens Berufsfischer, aus dem Untersee zieht.

GÜGGELI AUS EIGENMAST

STUPFETE

War einst die typische bäuerliche Zwischenmahlzeit, mit der man sich nach schwerer Feldarbeit wieder zu stärken pflegte. «Stupfete», die aus Vinaigrette und «Gschwellten» besteht, ist ein zeitgemäss leichtes Mahl, das sich, mit Tilsiterwürfeln angereichert, in gemütlicher Runde an einem Sommerabend auch heute noch auftischen lassen darf. Mit neuen Kartoffeln schmeckt es besonders gut.

1 kg neue Kartoffeln	
3 Löffel Rapsöl, 5 Löffel Essig	
1 Zwiebel, gehackt	
Salz, Pfeffer, gehackte Kräuter	
400 g Tilsiter, in Würfeln	

Die Kartoffeln in der Schale weichkochen. Aus den restlichen Zutaten eine Sauce herstellen. Die Sauce wird erhitzt und wie ein Fondue in der Pfanne heiss auf den Tisch gebracht. Nun steckt jeder am Tisch ein Stück Kartoffel oder Käse an seine Gabel und «stupft» damit in die Sauce.

RIESLINGSUPPE VOM UNTERSEE

2 Lauchstengel, weisser Teil	
1 Zwiebel, gehackt	
ein Stück Butter	
5 dl Riesling, 5 dl Bouillon	
Salz, Pfeffer, frisch gemahlen	
3 Eigelb	
1,5 dl Rahm	
1 Bund Schnittlauch	

Lauch und Zwiebel in der Butter dünsten, mit dem Weisswein ablöschen, aufkochen lassen. Bouillon beifügen, durch ein Sieb giessen, salzen, nochmals aufkochen. Inzwischen Eigelb und Rahm in der Suppenschüssel verquirlen. Unter Rühren die heisse Suppe dazugiessen. Mit Pfeffer abschmecken, mit fein geschnittenem Schnittlauch bestreuen.

LUMPESUPPE

Hier geht es nicht um eine Suppe, sondern um einen Rettichsalat. Man hat wohl dieses Rezept früher mit sehr viel eigenem Obstessig, der weniger konzentriert war als der heutige, zubereitet, so dass das Gericht wie eine Suppe wirkte.

1 Salatgurke	
2 Rettiche, rot oder weiss	
300 g Tilsiter rezent	
5 Esslöffel Rapsöl	
4 Esslöffel Obstessig	
Salz, Pfeffer, Senf	
Schnittlauch, fein geschnitten	

Salatgurke und Rettich hobeln, Käse in Streifen schneiden. Mit den übrigen Zutaten eine Salatsauce herstellen. Alles mischen.

Guet esse im Thurgau

«Roter Ochsen», Frauenfeld. Kleines gestyltes Restaurant mit phantasievoller Küche, die jedoch ihren Preis hat.

Restaurant «Schäfli», Horben. Schönes Riegelhaus in ländlicher Umgebung, mit herrlichem Garten und ausgezeichneter Küche.

Restaurant «Löwen», Sulgen. Beliebt wegen der netten Bedienung und der feinen Fleischspezialitäten. Für Familienanlässe sei das Buffet empfohlen.

Restaurant «Wartegg», Müllheim. Wunderschöner Landgasthof, bekannt für Spargeln.

Taverne «zum Schäfli», Wigoltingen. Erste Adresse im Kanton! Sie werden in der heimeligen Gaststube bedient, als wären sie beim Wirtepaar Kuchler zu Besuch.

Restaurant «Krone», Gottlieben. Feinschmeckertreff am Untersee.

Restaurant «Mühle», Kartause Ittingen, Warth. In der grossen Gartenwirtschaft im idyllischen Innenhof können sich Kinder frei bewegen. Ideales Ausflugsziel für Familien.

Restaurant «Adler», Mammern. Familienbetrieb, der auf Selbstversorgung basiert. In der gemütlichen alten Gaststube werden Sie liebevoll bedient und bekocht.

Restaurant «Adler», Mammern. Weiterhin einen Namen geschaffen hat sich dieser Familienbetrieb mit seinen Güggeli aus Eigenmast und Spargeln von eigenen Feldern.

Schwäbisches Meer. Mit seinen 539 km^2 ist der Bodensee zwar nicht der grösste Schweizer See (Genfersee 582,4 km^2), doch sein reger internationa Fährschiffverkehr verleiht ihm einen maritimen Anstrich.

Weinfelden. Die lebhafte Kleinstadt im Herzen des Kantons ist neben Frauenfeld so etwas wie die zweite Hauptstadt. Der Thurgau wird nämlich zeitweise von hier aus regiert.

Äpfel aus dem Thurgau. Obst gedeiht nicht nur im Überfluss auf Thurgauer Boden, es wird auch hier in riesigen, klimakontrollierten Hallen gelagert. Im Auftrag des Schweizerischer Obstverbandes inspiziert Rolf Heeb (rechts im Bild) die zur Auslieferung bestimmten Früchte.

Saft ist das Nationalgetränk in Mostindien – so der Spitzname des Thurgaus. Nach der Gärung lagert der Apfelwein – hier bei der Mosterei Möhl in Arbon – rund einen Monat in gigantischen Eichenfässern. Dadurch wird der Saft milder und harmonischer.

Wirtschaft «Weinberg». Mitten im Rebhang am Ottenberg bei Weinfeld steht der stattliche Riegelbau mit der heimeligen Gaststube.

Berufsfischer. Frühmorgens bringt Rolf Meier aus Mammern seinen Fang ein. Am Untersee sind es die «Chretzer» (Egli), am Obersee die Blaufelchen, die am häufigsten in die Netze der rund 100 Berufsfischer gehen.

«Back & Brau», ein Lokal für jung und alt bei der Brauerei Frauenfelder. Wochentags kann man zuschauen, wie aus Teig Brötchen entstehen, oder sich einem Lehrgang in Bierbrauer unterziehen. Ein kulinarisches Erlebnis für die ganze Familie ist der Sonntagsbrunch mit einem reichhaltiger Angebot an hausgemachtem Gebäck.

RESTAURANT «ADLER»

SCHWÄBISCHES MEER

WEINFELDEN

ÄPFEL AUS DEM THURGAU

SAFT

WIRTSCHAFT «WEINBERG»

BERUFSFISCHER

«BACK & BRAU»

Schon Napoleon III. gefiel es am Bodensee

Die hauseigenen Spargeln unterscheiden sich von den marktüblichen durch ihr dunkelgrünes Köpfchen an der weissen Stange. Mit Käse überbacken schmekken sie den «Adler»-Gästen besonders gut.

ÜBERBACKENE SPARGELN

| 1 kg weisse Spargeln |
| wenig Rahm |
| Salz, Cayenne |
| 100 g Käsemischung (Emmentaler, Sbrinz, Greyerzer) |
| 50 g Butter |

Die Spargeln rüsten und in Salzwasser knapp weich kochen, abtropfen lassen. Eine Gratinform ausbuttern, wenig Rahm hineingiessen. Die gekochen Spargeln drauflegen, mit dem Reibkäse bestreuen. Die Butter erhitzen, leicht bräunen und über die Spargeln giessen. Im Ofen kurz überbacken.

BÖLLEWEGGE

Diese Brote werden jeweils für die «Bochselnacht» gebacken, die jedes Jahr kurz vor Weihnachten in Weinfelden gefeiert wird. Zu diesem Brauch schnitzen die Schüler aus Runkelrüben Laternen, mit denen sie durch das Städtchen ziehen.

TEIG:

| 600 g Mehl |
| 1 Teelöffel Salz |
| 75 g Butter |
| 20 g Hefe |
| 2 dl Wasser, lauwarm |
| 1½ dl Milch, lauwarm |

Aus obigen Zutaten einen Hefeteig herstellen, 1 Stunde gehen lassen.

| 100 g Speckwürfel |
| 5 Zwiebeln, gehackt |

Teig fingerdick zu einem Rechteck auswallen. In sechs gleich grosse Rechtecke aufteilen. Mit Speck und Zwiebeln bestreuen, satt aufrollen, mit Gabel einstechen, gehen lassen. Vor dem Backen mit Wasser befeuchten. 20 Minuten bei mittlerer Hitze backen.

ÜBERBACKENE SPARGELN

THURGAUER APFELTORTE

Der Thurgau ist unser Obstkanton. Deshalb erwarten wir aus dieser Region eine ganz spezielle Apfeltorte – hier ist sie.

| 100 g Butter |
| 150–200 g Zucker |
| 3 Eier |
| 1 Zitrone, Saft und Schale |
| 2 Esslöffel Kirsch |
| 250 g Mehl |
| 2 Teelöffel Backpulver |
| wenig Milch, nach Bedarf |
| 50 g Butterflöckli |
| 3 Esslöffel Zucker |
| 50 g Baumnüsse, gehackt |
| 3–4 säuerliche Äpfel, Boskoop |

Butter schaumig rühren, Zucker, Eier, Kirsch und Zitronenschale und -saft beigeben. Mehl und Backpulver dazusieben, unter die Masse ziehen. Eine Springform von 24 cm Ø mit Blechreinpapier belegen, so dass ein Rand von 4 cm stehen bleibt. Die Äpfel schälen, in feine Schnitze schneiden. Den Springformboden mit den Butterflocken bestreuen und die Apfelschnitze gleichmässig daraufschichten. Mit Nüssen bestreuen. Den Rührteig darübergiessen und mit einem Spachtel glattstreichen. Bei 180 Grad 45 bis 50 Minuten auf der untersten Rille im vorgeheizten Ofen backen.

Thurgauer Choscht

Die Thurgauer Küche zeichnet sich weniger durch landesweit bekannte Gerichte aus als durch Rezepte, die seit Generationen mündlich von Müttern an ihre Töchter oder von Köchinnen an Mägde weitergegeben wurden.

Drei Thurgauerinnen, Elisabeth Bommeli, Rosmarie Brenner und Barbara Fatzer, haben sich vor einigen Jahren die Mühe genommen, nach der traditionellen Thurgauer Küche zu forschen. Was davon noch fassbar war, haben sie im Buch «Thurgauer Choscht», Verlag Huber, Frauenfeld, festgehalten.

LEBERCHNÖPFLI

| 250 g Leber, 250 g Mehl |
| 1 Ei, Salz |
| 50 g Butter |
| 1 Esslöffel Peterli, gehackt |
| Brotbrösmeli |

Die Leber durch den Fleischwolf treiben oder mit einem grossen, scharfen Messer fein hacken. Das Ei dazuschlagen, salzen. Dann das Mehl dazusieben und am Schluss 2 dl kaltes Wasser beifügen. Die Zutaten zu einem Teig rühren. Eine halbe Stunde ruhen lassen. Die Kräuter zugeben und den Teig in feinen Streifchen von einem Holzbrettchen in kochendes Salzwasser schaben. Ziehen lassen, bis die Spätzli an die Oberfläche kommen, abtropfen lassen. Die Butter erhitzen, die angerichteten Spätzli damit abschmelzen. Mit Brotbrösmeli bestreuen.

Auberge Napoléon. In den geschichtsträchtigen Räumen des Gasthofs «Adler» in Ermatingen hat schon Napoleon III., der Neffe von Napoleon I., gespeist. In den Genuss des feinen Rieslingsüppchens, das dort serviert wird, dürfte er allerdings nicht gekommen sein.

Gottlieber Hüppen. Wer kennt sie nicht, die knusperigen Stengel mit der süssen, schmelzenden Füllung. In die wohlbekannte beige Schachtel mit der roten Schleife werden die heiklen Stücke noch immer von Hand verpackt. Hüppe für Hüppe – gegen 5 Millionen jährlich.

Spargeln werden im Thurgau seit einem guten Jahrzehnt angebaut. In den lockeren Böden entlang der Thur gedeihen sie hervorragend.

Kartause Ittingen bei Warth. Im ehemaligen Kloster ist heute das Historische Museum und das Kunstmuseum untergebracht. Dazu gehören der Gutsbetrieb, der Käse und Wein produziert, das Gästehaus und das Restaurant «zur Mühle», wo es ein altes Mühlenrad zu bestaunen gibt.

Müller-Thurgau-Geburtshaus in Tägerwilen. Professor Hermann Müller (1850–1927), dem es gelungen ist, die Weissweintraube Silvaner mit der Rieslingtraube zu kreuzen (Müller-Thurgau), hat dem Namen seines Heimatkantons weit über die Landesgrenzen Ehre verschafft.

Brauerei «Frohsinn», Arbon. Zum selbstgebrauten Bier kommt im ehemaligen Braukeller Währschaftes auf den Tisch, z. B. eine Biersuppe vor einem Bierbrauer-Steak.

Thurgauer Wein. Der Kanton Thurgau verfügte einst über 2000 ha Rebland. Inzwischen ist nur noch ein Zehntel davon übriggeblieben. Man hat sich auf die besten Lagen beschränkt: im Oberen Thurtal (Ottenberg), im Unteren Thurtal (Warth), im Seebachtal (Hüttwilen) und entlang des Untersees.

Atemberaubender Ausblick vom Schloss Arenenberg, wo Napoléon III. seine Jugend verbracht hat. Das Herrschaftshaus beherbergt heute das Napoleon-Museum und das Ökonomiegebäude die Landwirtschaftliche Schule.

AUBERGE NAPOLEON

GOTTLIEBER HÜPPEN

SPARGELN

KARTAUSE ITTINGEN

MÜLLER - THURGAU - GEBURTSHAUS

BRAUEREI "FROHSINN"

THURGAUER WEIN

ATEMBERAUBENDER AUSBLICK

Luftgetrocknetes Fleisch, darunter ganze «Littli» (Keulen von Schafen oder Ziegen), verschiedene Alpkäse und selbstverständlich süsses Gebäck gehören ebenso zu den Urschweizer Spezialitäten wie die Kastanien-Reis-Suppe.

FOTOS: HANSJÖRG VOLKART   TEXT: MADELEINE KRESSEBUCH

URSCHWEIZ

Die Küche der Urkantone
ist voller Überraschungen.
Nicht nur Käse und
Kartoffeln bestimmen den
Speisezettel der Urner,
Schwyzer und Unter-
waldner, sondern «Exoti-
sches» wie Reis, Mais,
Teigwaren, Weinbeeren
und Edelkastanien. Die
Lage am Fusse des
Gotthardpasses machte
möglich, dass südliche
Nahrungsmittel sich in der
Küche der Alten Orte
etablierten. Viele Rezepte
aus frühren Zeiten sind in
den Innerschweizer
Küchen noch lebendig.
Und vermehrt sollen diese
kulinarischen Erbstücke
wieder auf lokalen Speise-
karten erscheinen. Das
jedenfalls ist Wunsch und
Ziel von Ruedi Baumann
(Bild), dem Küchenchef
vom «Weissen Kreuz» in
Flüelen. Der gebürtige
Urner, der in renom-

mierten Häusern im
Ausland, zum Beispiel im
Londoner «Ritz», gekocht
hat und nun wieder in
seiner Heimat Fuss fassen
möchte, hat seine Liebe
zum Urchigen, Urtüm-
lichen keineswegs
vergessen. Im Gegenteil.

Währschafte Gerichte sind wieder gefragt

Kulinarisch von grosser Bedeutung ist der Herbst, einerseits wegen der beginnenden Jagd, andernseits wegen der Chilbi, die nach den Alpabzügen stattfindet. Ein typisches Chilbi-Gericht ist das Chabis und Schaffleisch. Es lohnt sich, hiervon gerade eine währschafte Portion zu kochen, denn aufgewärmt schmeckt es angeblich noch besser.

CHABIS UND SCHAFFLEISCH

1 kg Schaffleisch (Laffe, Brust, Schulter)
2 kg Weisskabis
2 Zwiebeln, grob geschnitten
500 g Kartoffeln
wenig Weisswein und Bouillon
1 Lorbeerblatt
2 Nelken
Salz, Pfeffer, Paprika
wenig Fett
wenig Mehl

Schaffleisch und Kabis in grobe Würfel schneiden. Das Fleisch würzen, mit Mehl stäuben, im heissen Fett anbraten. Zwiebel beifügen, mitdünsten, dann Kabis zugeben und langsam anbraten, bis auch der Kabis gebräunt ist. Mit Weisswein ablöschen, Bouillon, Nelken und Lorbeerblatt beigeben. Zugedeckt etwa 50 Minuten auf kleinem Feuer köcheln lassen. Die Kartoffeln schälen, vierteln und unter den Eintopf mischen. Köcheln lassen, bis alles gar ist.

BRISTNER NIDLE

12 Dörrbirnen
100 g Zucker
¼ Liter Rotwein
5 dl Rahm

Die Birnen in Rotwein, Zucker und nach Bedarf wenig Wasser weich kochen, herausnehmen, Stiel und Kerngehäuse entfernen und auskühlen lassen. Inzwischen die Flüssigkeit zu einem Sirup einkochen und ebenfalls erkalten lassen. Den Rahm steif schlagen und zu den eingelegten Birnenstücken reichen.

CHABIS UND SCHAFFLEISCH

SCHWYZER REIS-KASTANIEN-SUPPE

100 g Kastanien, tiefgekühlt
1 Liter Bouillon
40 g Butter
1 Zwiebel, grob gehackt
60 g Vialone-Reis
100 g Sbrinz, gerieben
1 Bund Schnittlauch, fein geschnitten
Salz, Pfeffer

Die Zwiebel in der Butter dünsten, den Reis beigeben, kurz weiter dünsten. Die Bouillon und die Kastanien beifügen. Das Ganze etwa 20 Minuten köcheln lassen. Vor dem Servieren würzen, mit Reibkäse und Schnittlauch bestreuen.

REISAUFLAUF MIT ZWETSCHGEN

Ein gluschtiges Rezept aus der Broschüre «Schwyzer Kochrezepte», die von der Kantonalbank Schwyz herausgegeben wird.

200 g Reis (Rundkorn)
1 Liter Milch
wenig Salz
Schale und Saft einer Zitrone
70 g Butter
3 Eigelb
Zucker
3 Eiweiss, zu Schnee geschlagen
500 g Zwetschgen
30 g Butterflocken

Den Reis in der Milch weich kochen, Zitronensaft und -schale, Butter, Eigelbe und Zucker noch unter den warmen Reis mischen. Die Eiweisse steif schlagen, vorsichtig darunterziehen. Lagenweise Zwetschgen und Reis in eine ausgebutterte Auflaufform schichten, mit Butterflocken bestreuen und etwa 40 Minuten im mittelheissen Backofen überbacken.

Mit einer Vanillesauce servieren.

VANILLESAUCE:
3 dl Milch
1 Vanillestengel
2 Eier
2 Esslöffel Zucker

Milch und aufgeschlitzten Vanillestengel zusammen aufkochen. Eier und Zucker schaumig rühren. Die heisse Milch unter kräftigem Rühren zu den Eiern giessen, dann das ganze zurück in die Pfanne geben und vors Kochen bringen.

ÄLPLERMAGRONEN

500 g Makkaroni
500 g Kartoffeln
200 g Sbrinz, gerieben
2 grosse Zwiebeln
100 g Butter
1 Becher Rahm
Salz, Pfeffer

Die Kartoffeln schälen und in kleine Würfel schneiden. Zusammen mit den Makkaroni in Salzwasser weich kochen, abschütten.

Beim Anrichten die Teigwaren lagenweise mit geriebenem Käse bestreuen. Den Rahm erwärmen und darüber giessen, nach Bedarf noch würzen und warm stellen. Die Zwie-

Hotel «Weisses Kreuz», Flüelen. Dieser traditionsreiche Gasthof, einer der ältesten am Vierwaldstättersee, war einst der nördliche Ausgangspunkt der Gotthardpost.

Unverdorbene Landschaft. Alpweiden wie diese bei Unterschächen laden zum Wandern und Träumen ein.

Heimelige Urnerstube. Sie gehört zum Gasthaus «Lehnhof» in Altdorf und wurde 1946 von den beiden Urner Künstlern Heinrich Danioth (Maler) und Eugen Püntener (Bildhauer) gestaltet.

Das Rütli von Seelisberg her mit Blick auf den Urnersee, Brunnen und die beiden Mythen. Diesen wunderschön gelegenen Fleck erreicht man per Schiff oder zu Fuss. Hungrige und durstige Eidgenossen können sich mit Getränken und einfachen kalten Speisen in der Rütli-Gartenwirtschaft stärken.

Gasthaus «zur Post» im Bergdorf Spiringen. Am Weg zum Klausenpass liegt dieser rustikale Gasthof, wo sich für eine herzhafte Portion Urner Fleisch oder ein Stück Alpkäse ein Halt schon lohnt.

Emil Stadler, Wirt und Poet vom «Lehnhof» in Altdorf, setzt sich seit langem schon mit den Ess- und Lebensgewohnheiten der Urner auseinander. Sein Werk, «Kochbuch aus Uri» kann im Buchhandel oder anlässlich eines Besuches im «Lehnhof» für 19.80 Franken erworben werden.

Altdorf ist die Hauptstadt des Kantons Uri und der Ort, wo seit 1895 das Tell-Denkmal des Zürcher Bildhauers Richard Kissling steht. Berühmt ist Altdorf auch für seine Tell-Spiele. Die nächsten finden im Jubiläumsjahr 1991 statt.

Vom Schiff aus — insbesondere von einem der fünf nostalgischen Raddampfer der Vierwaldstätterseeflotte — lässt sich die eindrückliche, dramatische Landschaft der Urschweiz am besten geniessen.

HOTEL «WEISSES KREUZ», FLÜELEN

UNVERDORBENE LANDSCHAFT

HEIMELIGE URNERSTUBE

DAS RÜTLI

GASTHAUS «ZUR POST», SPIRINGEN

EMIL STADLER, WIRT UND POET

ALTDORF

VOM SCHIFF AUS

FOTO: EMMANUEL AMMON

Auch Fisch gehört zur Küche der Urschweiz

beln schälen und in Ringe schneiden, in der heissen Butter goldgelb rösten und über die Magronen verteilen. Sofort servieren.

FLÜELER HECHTSCHNITTEN

600 g Hechtfilets oder -tranchen	
1 Zwiebel, gehackt	
1 Knoblauchzehe, gehackt	
frische Kräuter, gehackt, z. B. Dill, Fenchelkraut, Basilikum, Oregano, Thymian, Majoran und Estragon	
1 Liter Fischfond	
3 dl Weisswein	
1 Becher Rahm	
Salz, Pfeffer	
wenig Butter	

Die Hechtstücke mit Salz und Pfeffer würzen.

Fischsud und Weisswein erhitzen, Fisch darin 5 bis 10 Minuten pochieren. Inzwischen die Butter in einer Pfanne erhitzen. Die Zwiebel und den Knoblauch darin glasig dünsten. Die Kräuter beifügen, mit wenig Fischfond ablöschen und mit dem Rahm aufgiessen. Einreduzieren lassen, bis eine sämige Sauce entsteht, mit Salz und Pfeffer abschmecken.

Zusammen mit Salzkartoffeln zum Hecht servieren.

FLÜELER HECHTSCHNITTEN

RISPOR

Diese Urner Spezialität besteht aus Reis und Lauch (Porree). Erzeugnisse aus ihrer Landwirtschaft – vor allem Käse – exportierten die Urner nach Italien. Als Gegengeschäft führten sie hauptsächlich Reis, Mais und Wein ein.

1 kg Lauch	
2 Tassen Reis	
1 Liter Bouillon	
150 g Sbrinz, gerieben	
50 g Butter	
Salz, Pfeffer, Muskat	

Den Lauch gut waschen und in 1 cm dicke Rädchen schneiden. Butter in einer grossen Pfanne erhitzen, den Lauch darin dämpfen, mit der Fleischbrühe ablöschen. Den Reis beifügen, alles ohne zu rühren 25 Minuten auf schwachem Feuer köcheln lassen. Wenn nötig, Flüssigkeit abgiessen, den Reibkäse daruntermischen, anrichten.

URNER BAUERN-PASTETE

Für das nachfolgende Rezept wird ein Mürbeteig verwendet. Die Pastete gelingt aber auch mit einem Blätterteig.

TEIG:

500 g Mehl, 250 g Butter	
250 g Zucker	
1 Teelöffel Salz	
1 Teelöffel Backpulver	
1 Eigelb zum Bestreichen	

Aus den obigen Zutaten einen geriebenen Teig herstellen, den man anschliessend eine Stunde ruhen lässt.

FÜLLUNG:

200 g Weinbeeren	
1 Teelöffel Zimt	
1 dl Süssmost	
3 Esslöffel Obstbranntwein, nach Belieben	

Die Weinbeeren mit dem Süssmost und dem Schnaps einkochen. Den geriebenen Teig halbieren, beide Teile rechteckig auswallen. Die Füllung auf die eine Hälfte geben, mit Zimt bestreuen. Die andere Teigplatte darauflegen, mit einer Gabel den Rand gut andrücken. Die Pastete mit Eigelb bestreichen und einstechen, im vorgeheizten Backofen golden backen.

Güät ässä ir Urschwiz

Zum «Weissen Kreuz», Flüelen. Kreative, marktgerechte Küche mit Fisch- und Urner Spezialitäten. Verlangen Sie die Karte mit den urchigen Gerichten.

«Rössli», Steinen. Traditionelle Schwyzer Gerichte, modern aufgearbeitet und präsentiert.

Restaurant «Chuchichessi», Flüelen. Urchig sowohl, was das Lokal angeht, als auch, was die Speisen betrifft. Neu-rustikale Gaststube, gekocht wird sehr gut.

Gasthof «Waldheim», Bürgenstock. Gönnen Sie sich hier ein «Fyraabig»-Menü. Es besteht aus Geschnetzeltem nach Nidwaldner Art mit Maisomelettli und Rotweinbirne.

Restaurant «Sternen und Post», Amsteg. Gepflegter Gasthof entlang der alten Gotthardroute. Urner Spezialitäten.

Restaurant «Lehnhof», Altdorf. Gutbürgerliche Küche, hin und wieder stehen Urner Gerichte auf der Karte.

Gasthaus «Schützen», Bauen. Geniessen Sie hier Fische aus dem Urnersee und den herrlichen Blick auf die Mythen.

Teufelsbrücke. Der Teufel – so die Sage – war der Baumeister der ersten Brücke von 1218 über die wilde Schöllenen. Die noch bestehende Brücke stammt aus dem Jahr 1830.

Feigen und Palmen gedeihen an den Ufern des Urnersees, genauer gesagt in Bauen, dem schmucken Dörfchen gegenüber der Axenstrasse. Aus Bauen stammt Pater Alberik Zwyssig (1808–1854). Er komponierte den «Schweizer Psalm», unsere Nationalhymne.

Haus an der Treib. Unterhalb Seelisberg, von dort aus mit einer Standseilbahn erreichbar, liegt das historische Holzhaus, das 1482 erstmals erwähnt, 1903 abgebrochen und unter Verwendung alter Teile rekonstruiert wurde. Einst diente die Gaststätte als Zufluchtsort für Verfolgte und manchmal als Tagsatzungsort der Urschweizer Stände. Noch heute ist darin eine gemütliche Wirtschaft untergebracht.

Händ ä Güätä! bei einem Urner Zabig in der «Urnerstube» in Altdorf. «Dirrs» (Trockenfleisch), «Hüswirscht» und «Alpchäs» gehören ebenso dazu wie eingelegte Dörrbirnenstücke und Nüsse.

Mit Schwyzer Spezialitäten können Sie sich in der Gaststube der Seewener Schaukäserei verwöhnen lassen. Vor- oder nachher schaut man beim Käsen zu.

Restaurant «Rössli», Steinen. Dieser prächtige Gasthof ist für seine neu interpretierten Schwyzer Spezialitäten bekannt.

Brunnen, ein Ferienort mit Tradition, wo sie unweigerlich landen, wenn Sie sich vom Rütli auf dem 35 km langen Weg der Schweiz machen, der zur 700-Jahr-Feier der Eidgenossenschaft fertiggestellt werden soll.

Für Bristner Nidle und viele andere währschafte Urner Spezialitäten ist das durch und durch rustikale Restaurant «Chuchichessi» in Flüelen bekannt.

TEUFELSBRÜCKE

FEIGEN UND PALMEN

HAUS AN DER TREIB

HÄND A GÜÄTÄ!

SCHWYZER SPEZIALITÄTEN

RESTAURANT «RÖSSLI», STEINEN

BRUNNEN

BRISTNER NIDLE

FOTOS: LOTTI BEBIE TEXT: VERENA THURNER-MACKERT

GLARUS

Hoch über dem Tal, von Braunwald aus, präsentieren sich die Berge weniger stotzig und abweisend als vom Talboden aus. Gemsfairenstock, Clariden, ein majestätischer Gipfel reiht sich an den andern. Unter ihnen der berühmteste, schönste und höchste, der Tödi mit seinen über 3500 Metern. Neben dem Schabziger wohl das bekannteste Wahrzeichen des Glarnerlands. Zigerschlitz nennen die Einheimischen liebevoll ihr Tal, nach dem Nationalprodukt, dem Ziger. Und auch die Glarner Gerichte sind vom Ziger geprägt: Zigerbrüüt, die farbenprächtig dekorierten Brötchen, Zigerhöräli, die zartgrünen Teigwaren. Die Glarner Küche ist einfach, aber gut. Einer, der diese Küche pflegt, ist Hans Simon (Bild) vom «Schwert» in Näfels, gleich gegenüber dem Freuler-Palast. Sein Lands-

gemeinde-Menü beinhaltet fast alle Glarner Spezialitäten. Ein halbes Jahr wollte Hans Simon im Glarnerland bleiben. Das glaubte er vor gut 30 Jahren.

Nach der Landsgemeinde ein urchiges Mahl

Die traditionelle Chalberwurst ist Bestandteil des Landsgemeindemenüs, das uns Maria und Hans Simon im «Schwert» in Näfels serviert haben. Das ganze Landsgemeindemenü sieht folgendermassen aus: zum Aperitif Zigerbrüüt (Zigerbrötli) zusammen mit einem kühlen Weissen, dann eine Brotsuppe mit viel Bollä (Zwiebeln), als erste Hauptspeise Chalberwurst mit Zwetschgen im Rotwein und Kartoffelstock, als zweite Hauptspeise Netzbraten mit Zigerhöräli und zum Dessert, sofern man dazu noch imstande ist, Glarner Pastete.

Chalberwürste bekommt man nur im Kanton Glarus. Weil die Würste Milch und Brot enthalten, sind sie nicht lange haltbar. Deshalb hat der Kanton Glarus für die Zubereitung der Chalberwürste sogar eine Ausnahmebewilligung erhalten. Also, beim nächsten Ausflug ins Glarnerland nicht vergessen, Chalberwürste einzukaufen!

GLARNER CHALBERWÜRSTE

4 Chalberwürste
2 Zwiebeln
3 Esslöffel Anggä (Butter)
1 Esslöffel Mehl
¾ l Milch
Muskat

FÜR DAS DÖRR-ZWETSCHGENKOMPOTT:

250 g Dörrzwetschgen
1 dl Rotwein, 1 dl Wasser
2 Esslöffel Zucker, Zimt

Für das Zwetschgenkompott die entsteinten Dörrzwetschgen mit dem Rotwein und 1 dl Wasser übergiessen und zugedeckt eine Stunde einweichen. Für die Chalberwürste die Zwiebeln in Streifen schneiden und in der zerlassenen Butter durchdünsten, ohne dass sie Farbe annehmen. Mit dem Mehl bestäuben, vermischen. Die Milch zufügen, aufkochen und dann die Hitze reduzieren. Mus-

CHALBERWURST MIT DÖRRZWETSCHGEN

kat zugeben, verrühren und die Chalberwürste hineinlegen. Auf kleiner Hitze 30 Minuten ziehen lassen. Die Zwetschgen mit der Einweichflüssigkeit aufsetzen, den Zucker dazugeben und Zimt darüberstreuen. Zugedeckt etwa 10 Minuten köcheln lassen. Die Chalberwürste herausnehmen, anrichten und mit Dörrzwetschgenkompott und Kartoffelstock servieren.

ZIGERBRÜÜT

Zigerbrüüt ist nichts anderes als mit Ziger bestrichene Brote, die phantasievoll dekoriert werden. Am besten schmecken Zigerbrüüt mit selbstgemachtem Roggenbrot, aber sie werden auch auf Weissbrot serviert.

RAHMZIGERMASSE:

1½ bis 2 kleine Stöckli Glarner Schabziger
2 bis 2½ dl Rahm, geschlagen

Die Zigerstöckli auf der Bircherraffel in eine Schüssel reiben und sorgfältig mit dem geschlagenen Rahm mischen. Die Brotscheiben damit bestreichen.

BUTTERZIGERMASSE:

100 g Butter
1 Glarner Zigerstöckli (100 g)

Zigerstöckli reiben und mit der weichen Butter mischen.

FÜR DEN BELAG:

Nusskerne, Birnen-, Bananenscheiben oder Ananasschnitze, Radiesli, Specktranchen, Schnittlauch, Tomatenschnitze, Cornichons, Paprikapulver, Trauben.

ZIGERHÖRÄLI (ZIGERHÖRNLI)

Im «Schwert» gibt es zum Netzbraten Zigerhöräli. Zigerhöräli mit Apfelstückli kann aber auch als eigenständige Mahlzeit serviert werden.

350 g Hörnli
200 g Schabziger
1 dl Rahm
1 Esslöffel Paniermehl
80 g Butter

Hörnli in genügend Salzwasser al dente kochen, in ein Sieb giessen und mit heissem Wasser abspülen, abtropfen lassen. Den Schabziger auf der Bircherraffel reiben und lagenweise mit den Hörnli in eine bebutterte Gratinform schichten. Den Rahm zum Kochen bringen und über die Hörnli giessen. Das Paniermehl darüberstreuen, mit einer Alufolie abdecken und im auf 220 °C vorgeheizten Ofen etwa 10 Minuten erhitzen. Butter erhitzen, bis sie nussbraun ist und über die Hörnli verteilen. Sofort servieren.

GLARNER PASTETE

Wohl die berühmteste Spezialität aus dem Glarnerland ist die luftig-leichte Glarner Pastete mit der süss-sauren Füllung.

Die meisten Bäckereien im Glarnerland verschicken ihre Pasteten auf Bestellung. Wenn Sie aber trotzdem einmal eine Glarner Pastete selber machen wollen, geben wir Ihnen untenstehend das Rezept (aus

Obersee: Von Näfels führt eine schmale Strasse zum idyllisch gelegenen Obersee. Er ist Ausgangspunkt für viele schöne Wanderungen und Bergtouren. Im Hintergrund erhebt sich stotzig der Brünnelistock.

Forellen aus dem Obersee: Im Gasthaus «Obersee» sind Forellen die Hausspezialität. Man bekommt sie mit Kräuterbutter, blau oder gebacken. Seit 1985 verwöhnen Fritz und Rösi Landolt hier die Wanderer und Ausflügler.

Hotel «Schwert»: Das «Schwert» in Näfels ist im Gourmetführer Gault-Millau mit 13 Punkten aufgeführt. Seit 140 Jahren ist dieses traditionsreiche Haus Restaurant und Hotel. Zu 90 Prozent verkehren hier Stammgäste. Hans Simon kocht, Maria Simon ist für den Service verantwortlich, und Tochter Katrin «managt» das Haus im Hintergrund.

«Zigerbrüüt»: Im «Schwert» bekommt man die phantasievoll dekorierten Zigerbrötchen zum Aperitif.

Zigerstöckli: «Iss, Ziger, Maitli, dä magsch wider!» So wurden wir in Oberurnen vor der Zigerfabrik empfangen. Mit der über 70jährigen Maschine wird der Ziger in seine Form gepresst.

«Zigerriibi»: Dem Rohziger, geliefert von den Alp- und Talsennereien, wird hier der getrocknete Klee in Pulverform zugegeben. Die Kräutermischung gibt dem Ziger den typischen Geschmack und die Farbe. Früher gedieh der Zigerklee im Glarner Unterland, heute wird er in Lachen, im Kanton Schwyz, angepflanzt.

«Zum Weingarten», Näfels: An der Rösslistrasse, vis-à-vis dem Kapuzinerkloster, haben Vivek und Verena Ramdenee eine Oase der Gastlichkeit geschaffen. Die Wildkarte ist vorzüglich, der Service ausgesprochen freundlich und die Präsentation der Gerichte sehr gekonnt.

Freuler-Palast: Er steht mitten im Dorf Näfels an der Durchgangsstrasse, unübersehbar, und ist das bekannteste Gebäude des Glarnerlands. In seinen prachtvoll ausgestatteten Innenräumen befindet sich das Museum des Landes Glarus.

OBERSEE

FORELLEN AUS DEM OBERSEE

HOTEL «SCHWERT»

«ZIGERBRÜÜT»

ZIGERSTÖCKLI

«ZIGERRIIBI»

«ZUM WEINGARTEN»

FREULER-PALAST

Netzbraten ist kein gewöhnlicher Fleischkäse

«Ächti Schwizer Chuchi»
von Marianne Kaltenbach):

500 g Blätterteig
MANDELFÜLLUNG:
30 g Butter
5 Esslöffel Zucker
2 Esslöffel Honig
1 Ei
150 g geriebene geschälte Mandeln
1 Esslöffel Rahm
1 Esslöffel Rosenwasser
Saft und Schale einer Zitrone
ZWETSCHGENFÜLLUNG:
300 g gedörrte, entsteinte Zwetschgen oder Pflaumen
1 Messerspitze Zimt
1 Esslöffel Zucker
1 Esslöffel Kirsch

Für die Mandelfüllung Butter mit dem Zucker schaumig rühren. Honig dazugeben und weiterrühren. Mandeln, Ei, Rahm, Rosenwasser und Zitrone beifügen.

Für die Zwetschgenfüllung die Zwetschgen knapp mit kochendem Wasser übergiessen und zwei Stunden einweichen, abtropfen lassen. Durch die grobe Scheibe des Passevite treiben, mit Zucker, Kirsch und Zimt vermischen. Mit wenig Einweichwasser befeuchten, so dass ein festes Mus entsteht.

Für den Boden und den Deckel der Pastete Teig

NETZBRATEN MIT ZIGERHÖRÄLI

2 mm dick auswallen und die bekannte Form ausschneiden. Für den Deckel in der Mitte ein Loch ausstechen. Für den Rand Teig 7 mm dick auswallen und mit einem Lineal 1 cm breite Streifen schneiden. Rand des Bodens befeuchten und die Streifen dem Rand entlang andrücken. Mit einer Tülle die Torte zur Hälfte mit der Mandelmasse und die andere Hälfte mit Zwetschgenmus füllen. Deckel auf den befeuchteten Rand drücken, mit dem Messer einige Schlitze anbringen und die Pastete im auf 220°C vorgeheizten Backofen etwa 40 Minuten backen. Auskühlen lassen und mit Puderzucker bestäuben.

NETZBRATEN

Die Glarner hören es gar nicht gerne, wenn man ihren Netzbraten zum gewöhnlichen Fleischkäse degradiert. Der Inhalt ist derselbe wie bei den Kalberwürsten, nämlich Kalbsbrät. In der Form unterscheidet sich der Netzbraten allerdings vom verwandten Fleischkäse. Er ist rund und sieht wie ein richtiger Braten aus. Das Brät wird durch ein Schweinsnetz zusammengehalten.

1 kg Netzbraten
1 Esslöffel Öl
1 Zwiebel, 1 Rüebli, 1 Stück Lauch
2 Knoblauchzehen
1,5 dl Weisswein
1 dl Rahm
Salz, Pfeffer, Muskat

Netzbraten mit Öl einpinseln und in eine Kasserolle legen. In den auf 180°C vorgeheizten Ofen schieben und etwa 30 Minuten garen. Von Zeit zu Zeit mit Öl bepinseln. Die Zwiebeln vierteln, das Rüebli halbieren und den Lauch in Stücke schneiden. Mit den Knoblauchzehen um den Netzbraten verteilen und weitere 40 Minuten garen.

Netzbraten und Gemüse herausnehmen und warmstellen. Den Fond mit dem Weisswein auflösen und bis zur Hälfte einkochen lassen, ½ dl Wasser und den Rahm zugeben und köcheln lassen, bis die gewünschte Konsistenz erreicht ist. Mit wenig Salz, Pfeffer und Muskat abschmecken.

Glarner Pastete: Mit Hilfe einer Schablone schneidet der Konditor die typische Form der Glarner Pastete aus. Diese Spezialität ist ein begehrter Exportartikel, werden die meisten doch für den Versand gebacken. Die kleinen Glarner Pasteten tragen den Namen «Beggeli».

Halb süss – halb sauer: Die grossen Pasteten haben zwei Füllungen, die Mandelfüllung ist die süsse, die Pflaumenfüllung die saure. Auf die Füllung wird der Teigdeckel aufgelegt, dann muss die Pastete eine halbe Stunde «abstehen», bevor sie gebacken wird.

Burgwegler: Der einzige Weinberg des Kantons Glarus zieht sich von Niederurnen zum «Schlössli» hinauf. Der Föhn hilft wohl kräftig mit, dass hier Blauburgunder und Riesling X Sylvaner reifen.

Klöntalersee: Der Klöntalersee liegt zwischen Glärnisch und Wiggis. Fast ringsum ist er von Felswänden und steilen Abhängen umschlossen. Im Sommer ist er beliebter Ausflugsort für Wanderer und Badende.

Hotel «Rubschen»: Eine grandiose Aussicht geniesst man vom auf 1500 Meter gelegenen «Rubschen» in Braunwald. Erst 1929 wurde in Braunwald der Winterbetrieb aufgenommen. Heute hat er die Sommersaison überflügelt.

Gastfreundschaft: Im «Rubschen» wird der Gast vom Wirtepaar Horst und Rösli Pfannenmüller noch persönlich betreut. Rund um das «Rubschen» gibt es nichts als fette Alpwiesen und Ruhe, sehr viel Ruhe, denn Braunwald ist autofrei.

Elmer Citro: Seit 1927 gibt es das Elmer Citro. Ein Jahr vorher mischte man zum ersten Mal Mineralwasser, mit Zitronensirup. Ein Jahr später begann der Siegeszug des Elmer Citro. Leistungsfähige Automaten füllen heute bis 52 000 Flaschen pro Stunde.

«Sonnegg», Glarus: Trotz seiner modernen und leichten Küche, die Hans Hauser, Küchenchef und Besitzer der «Sonnegg», anbietet, hat er die einheimischen Gerichte nicht vergessen.

Ässe im Glarnerland

«Richisau» im Klöntal: Das Angebot des 1987 neu erbauten Gasthauses «Richisau» richtet sich an Einheimische und Bergwanderer. Friedlich ist die Stimmung unter den über hundert Jahre alten Ahornbäumen im Garten, bei geräuchertem Cervelat und einem Glarner Bier.

«Camperdun», Elm: Hier müssen Sie den schmackhaften Alpenkäse von der Alp Ramin versuchen. Im Winter sind die Plätze in diesem gemütlichen, rustikalen Restaurant rar.

«Sonne», Elm: Die geräucherte Hirschwurst, heiss

serviert, ist eine der Spezialitäten dieses Hauses. Es gibt aber auch Zigerhöräli mit Apfelmus oder das Steak Fridolin (auch mit Ziger).

«Waage», Glarus: In-Beiz der jungen Glarner. Sie hat ihren Höhepunkt allerdings überschritten.

«Schlössli», Niederurnen: Zum «Schlössli» kommen Sie nur zu Fuss. Aber der Weg durch den Weinberg ist kurzweilig und die Aussicht vom Schlössligarten sensationell. Hier bekommen Sie den Burgwegler, den einzigen Glarner Wein.

GLARNER PASTETE

HALB SÜSS – HALB SAUER

BURGWEGLER

KLÖNTALERSEE

HOTEL «RUBSCHEN»

GASTFREUNDSCHAFT

ELMER CITRO

«SONNEGG»

FOTOS: HANSJÖRG VOLKART   TEXT: VERENA THURNER-MACKERT

SCHAFFHAUSEN

Hoch über dem Rhein, als Wächter der Stadt, thront trutzig der Munot, gebaut nach Plänen von Albrecht Dürer, um Kriege zu gewinnen, um Feinde in die Flucht zu schlagen. Doch kriegerisch bewähren musste sich das Bollwerk nie. Friedlich wird die Festung heute genutzt, die Kanonen donnern nur noch zum Auftakt der Feste, und wo in früheren Zeiten Heere sich versammelten, drehen sich an den Sommernachtsbällen die Paare zum Tanz. Friedlich geht es auch im «Wirtshaus zum Frieden», einem der schönsten Winkel der Schaffhauser Altstadt, zu, wenn die «Sozis» im unteren Stock und die Christdemokraten im ersten um Parolen ringen und die Studenten im «Wystübli» einen Jass am Stammtisch klopfen. Martin Scherrer (Bild) und seine Frau Anita pflegen das alte Haus mit

viel Liebe; die Traditionen weiterzuführen ist ihnen eine schöne Verpflichtung. Martin Scherrer hat für uns eine alte Schaffhauser Spezialität – die Bölletünne – gebacken, reich bedeckt mit Zwiebeln und vermischt mit Geräuchtem.

Der Friedentopf vereint alle Parteien

Gar so friedlich, wie der Name sagt, ging es im «Wirtshaus zum Frieden» nicht immer zu und her. Wegen Streitigkeiten um die Dachhöhe hiess das renommierte Haus im 18. Jahrhundert sogar «Haus zum Streit». Seit 1789 aber scheint der Frieden eingekehrt zu sein, denn seit diesem Datum trägt das niedrigste Haus auf dem Herrenacker seinen heutigen Namen. Nach dem ersten Weltkrieg war der «Frieden» gastronomisches und gesellschaftliches Zentrum der Stadt. Heute verkehren vor allem Studenten und Politiker aller Richtungen im «Frieden».

Der «Friedentopf» hat Tradition. Jeder Wirt hat die Zutaten ein wenig verändert. Martin Scherrer hat die Leber, die sein Vorgänger noch zu den andern Fleischstücken gab, durch Lammrückenmedaillons ersetzt.

FRIEDENTOPF

Zutaten für 4 Personen

4 Kalbsfiletmedaillons à 45–50 g

4 Rindsfiletmedaillons à 45–50 g

4 Schweinsfiletmedaillons à 45 g

4 Lammrückenmedaillons à 45–50 g

4 Kalbsnierenscheiben à 45 g

4 dl Rahm, 2 dl Bratenjus

1 dl Weisswein

Salz und Pfeffer

50 g Gourmetbutter

40 g frische Butter

Zutaten für Knöpfli:
600 g Weissmehl

6 Eier, 3–5 dl Milch

Fleisch mit Salz und Pfeffer würzen, Rindsfilet, Lammmedaillons und Kalbsnieren in heisser Gourmetbutter beidseitig kurz anbraten und auf die mit Semmelbrösmeli bestreuten Knöpfli anrichten. Nachher die Schweins- und Kalbsfilets in der etwas weniger heissen Gourmetbutter beidseitig leicht braten, bis das Fleisch knapp durch ist, und ebenfalls auf die

Knöpfli anrichten. Die Gourmetbutter ableeren und die frische Butter in der Fleischpfanne schmelzen und die schäumende Butter über das Fleisch und die Knöpfli geben.

Den Bratsatz mit Weisswein und Bratenjus ablöschen, stark einreduzieren und mit dem Rahm aufgiessen. Aufkochen, eventuell mit wenig Maizena binden. Mit Salz und Pfeffer abschmecken und separat zum «Friedentopf» servieren.

Für die Knöpfli mit Mehl, Eiern, Milch und etwas Salz einen geschmeidigen Teig herstellen (Teig soll Blasen werfen). Durchs Knöpflisieb in kochendes Salzwasser pressen, kurz aufkochen und die Knöpfli aus dem Wasser heben und gut abtropfen. In einem feuerfesten Geschirr anrichten und warm stellen.

BÖLLETÜNNE

Im Kanton Zürich heissen sie Wähen, in der Innerschweiz Kuchen und in Schaffhausen eben Tünne. Bölletünne ist eine echte Schaffhauser Spezialität.

Für 6 bis 8 Personen:

500 g geriebener Kuchenteig

500 g Zwiebeln, in dünne Streifen geschnitten

0,5 dl Öl

2 Eier

1 dl Milch, 2 dl Rahm

Salz, Pfeffer, Muskat

100 g geräucherte Magerspeckstreifen

Kümmel nach Belieben

Zwiebeln in Öl weich dämpfen, bis sie goldgelb

sind, erkalten lassen. Aus Mehl, Eiern, Milch, Rahm und Gewürzen einen Guss herstellen. Ein Kuchenblech von 24 bis 28 cm Durchmesser mit Teig auslegen, stupfen. Mit den erkalteten Zwiebeln und den leicht gebräunten Speckstreifen belegen. Guss darübergiessen und bei 190 °C etwa 30 Minuten backen. Sehr heiss servieren. Dazu passt sowohl ein roter «Munötler» als auch Riesling-Sylvaner.

KUTTELN NACH SCHAFFHAUSER ART

Für Liebhaber von Kutteln haben die Schaffhauser auch ein eigenes Gericht.

Für 5 bis 6 Personen:

1 kg Kutteln (vom Metzger vorgekocht)

40 g Butter

1 Zwiebel, fein gehackt

50 g Mehl

½ Tasse Wein

½ Tasse Fleischbrühe

½ Esslöffel Tomatenpüree

1 Esslöffel Rahm

Zitronensaft

1 Prise Kümmel

Salz, Pfeffer

Die Kutteln eine halbe Stunde in Salzwasser kochen, gut abtropfen lassen und in ganz feine Streifen schneiden. Die feingehackte Zwiebel in der Butter dämpfen, die Kutteln dazugeben, Gewürze beifügen. Mit dem Mehl bestäuben und dem Weisswein und der Fleischbrühe ablöschen. Das Tomatenpüree daruntermischen und unter Rühren 20 Minuten kochen. Vor dem Anrichten

FRIEDENTOPF

Wirtschaft zum Frieden: «Es war die Rede von einem herzlichen Geist, welcher den einkehrenden Gästen Wohlbefinden und ‹wahren Frieden› brachte», heisst es in einer Chronik über eines der ältesten Gasthäuser Schaffhausens. In der gemütlichen Stube im ersten Stock mit dem um das Jahr 1740 gebauten Kachelofen serviert Martin Scherrer seine Spezialitäten.

Schaffhausens Altstadt: Von der Zinne des Munots aus präsentiert sich die Altstadt, die zu den städtebaulich interessantesten und am besten erhaltenen aus dem Mittelalter gehört, aufs schönste.

Rheinfischer: «Ganz scharf» seien die Restaurants auf seine Fische. Für Hans Peter ist Fischen eine Leidenschaft. In den Monaten November/Dezember fängt er vor allem Äschen, die dann als beliebte Schaffhauser Spezialität in den Restaurants auf den Tisch kommen.

Restaurant «Amadeus»: Marcel Baillod (Bild) und Heinz Lacher, die zwei jungen Enthusiasten, schaffen sich in Stein am Rhein einen guten Namen. Die unkonventionelle Art der Küche gefällt. Man kreiert immer wieder Neues, und so wird es weder dem Koch noch dem Gast langweilig.

Stein am Rhein: Der Rathausplatz von Stein am Rhein ist ein wahres Kleinod mittelalterlicher Baukunst und steht in hohem Interesse sowohl der Touristen wie der Kunsthistoriker.

Gasthaus zur Sonne: Philippe Combe, der Wirt mit dem Welschen-Berner-Schaffhauser-Dialekt, pflegt in der «Sonne» in Stein am Rhein eine unwahrscheinlich vielseitige Küche von ausgesuchter Qualität. Das Tagesangebot, wie auf unserm Bild die Krebse aus dem «Huusma-See», bestimmen die Karte.

Rheinfall: Ein grandioses Schauspiel von Wasser und Licht bietet der grösste Wasserfall Europas. Über eine Breite von 150 Metern und eine Höhe von 23 Metern stürzen die tosenden Wassermassen über die Felsen.

Kollegengespräch: Ehepaar Jaeger von der von Gault-Millau hochgelobten «Fischerzunft» in Schaffhausen tauschen mit Philippe Combe von der «Sonne» in Stein am Rhein kulinarische Neuigkeiten aus.

WIRTSCHAFT ZUM FRIEDEN

SCHAFFHAUSENS ALTSTADT

RHEINFISCHER

RESTAURANT «AMADEUS»

STEIN AM RHEIN

GASTHAUS ZUR SONNE

RHEINFALL

KOLLEGENGESPRÄCH

Vom Gesetz geschützt: Schaffhauserzungen

mit einigen Tropfen Rahm, Zitronensaft und Kümmel vermischen, nochmals aufkochen und anrichten. Dazu serviert man Kartoffeln in der Schale.

ÄSCHEN NACH SCHAFFHAUSER ART

Die Monate November und Dezember sind Äschen-Monate, dann werden die Fische in den Schaffhauser Restaurants angeboten. In den übrigen Monaten machen sich die Äschen eher rar.

Für 4 Personen:
2 ganze Äschen
Salz, Pfeffer
Saft einer Zitrone
60 g Mehl
4 Salbeiblätter
2 Esslöffel Öl
80 g Butter

Äschen ausnehmen und seitlich mit fünf Querschnitten versehen, damit sie sich nicht zusammenziehen. Innen und aussen mit Salz und Pfeffer würzen, dann im Mehl wenden. Butter und Öl in einem hochrandigen Blech schmelzen lassen, Fische dazugeben und im vorgeheizten Backofen bei 170 °C unter öfterem Begiessen mit Butter hellgelb backen. Äschen aus dem Bratenfond heben, auf eine vorgewärmte Platte legen und mit Zitronensaft beträufeln. Tafelbutter hellgelb schmelzen lassen und über die Fische verteilen.

SCHAFFHAUSER-ZUNGEN

Das knusprige Haselnuss-Mandel-Gebäck mit dem zartschmelzenden Inhalt ist gesetzlich geschützt. Nur was aus der Konditorei Reber stammt, sind richtige Schaffhauserzungen. 1896 hat sie der Grossvater des jetzigen Besitzers, Jean Reber-Hüsler, erfunden. Und seither sind viele Millionen hergestellt worden. Nur während des Zweiten Weltkriegs durften sie nicht gebacken werden,

SCHAFFHAUSERZUNGEN

weil die damaligen kriegswirtschaftlichen Vorschriften eine Buttercrème dieser Qualität nicht erlaubten.

Natürlich können wir hier kein Original-Reber-Schaffhauserzungen-Rezept angeben, denn das bleibt Geheimnis des Hauses.

125 g geriebene Mandeln
120 g Zucker, 20 g Mehl
4 Eiweiss
Für die Füllung:
100 g Butter
90 g Puderzucker
1 Eigelb
1 Messerspitze Vanille

Eiweisse zu steifem Schnee schlagen. Mandeln, Zucker und Mehl nach und nach darunterziehen. Auf ein bebuttertes, bemehltes Blech 2 mm dünn ausstreichen und mit einem ovalen Ausstecher oder dem Messer Zünglein formen. Bei 150 °C im Backofen leicht hellbraun werden lassen, herausnehmen und erkalten lassen. Für die Füllung Butter schaumig rühren, gesiebten Puderzucker sowie Vanille und Eigelb daruntermischen. Die Hälfte der Plätzchen mit der Füllung bestreichen, mit einem Zünglein bedecken und mit Puderzucker bestreuen.

Ässe in Schaffhusen

«Wirtschaft zum Frieden», Herrenacker 11, Schaffhausen: Gut bürgerliche Küche, hervorragend gekocht, erwartet Sie im «Frieden». Hier bekommen Sie den eher seltenen «Munötler».

Hotel zur Tanne, Tanne 3, Schaffhausen: Eine der ältesten und schönsten Weinstuben der Stadt. In der «Tanne» trifft man sich vor allem zu einem Glas Wein.

«Amadeus», Oberstadt 11, Stein am Rhein: Ein junges, überaus kreatives Team verwöhnt im «Amadeus» die Gäste.

«Fischerzunft», Rheinquai 8, Schaffhausen: Für Freunde französischer und asiatischer Küche in Kombination.

Café-Confiserie Reber, Vordergasse 21, Schaff-hausen: Hier bekommen Sie die echten Schaffhauserzungen.

Schloss «Herblingen», Herblingen: In der Taverne können Sie sich als Schlossherr fühlen, die Atmosphäre ist königlich, der Weinkeller kaiserlich.

Wirtshaus zum Bad, Osterfingen: Eine Landbeiz, wie man sie nur noch selten findet, mit herzlich-aufmerksamer Bedienung. Getrunken wird hier eigengekelterter «Osterfinger».

«Sonne», Rathausplatz, Stein am Rhein: Philippe Combe kocht wunderbar subtil, kann aber auch kräftig-rustikale Akzente setzen.

«Zur Stube», Rüdlingen: Ausgesprochen sympathische Landbeiz mit den frischesten Fischen aus dem Rhein.

Öchslegrad: Gianini Fernando, Rebmeister bei der Kellerei Schlatter in Hallau, misst mit dem Refraktometer den Öchslegrad der soeben geernteten Grauburgunder-Traube.

Grauburgunder: In Deutschland heisst diese Rebe Ruländer, im Elsass Tokaier, im Wallis Malvoisie. Vor der Reife ist sie kaum vom Blauburgunder zu unterscheiden. Erst im Herbst beginnen die Beeren sich rötlich zu verfärben und erhalten bei Vollreife eine kupferrote Tönung. Pinot gris, das Produkt aus der Grauburgundertraube, eignet sich als Abschluss einer festlichen Tafel.

Klettgau: Der Klettgau oder, wie die Schauffhauser ihn liebevoll nennen, das «Chleggi» ist ein rings von Hügelzügen umrahmtes Tal mit den Ortschaften Hallau, Oberhallau, Wilchingen, Trasadingen, Osterfingen, Gächlingen, Löhningen und Beringen. In der fruchtbaren Talsohle wogen im Sommer Getreidefelder und an den Südhängen reifen die Trauben.

Restaurant «Bad Osterfingen»: Dort, wo sich das «Chleggi» verengt, befindet sich Bad Osterfingen. Die gute Seele des Hauses, das weiterum bekannte Liseli Meyer, verwöhnt die Gäste aufs herzlichste. Getrunken wird hier der selbstgekelterte «Osterfinger».

Schaffhauserzungen: Bis 1989 stellte Jean Reber in der gleichnamigen Confiserie täglich die beliebte Spezialität her. Seither tut dies sein Nachfolger Laurent Perriraz mit gleicher Liebe und Sorgfalt.

Sonnenblumen: Weite Sonnenblumenfelder findet man auf der Fahrt durch den Kanton. Sonnenhungrig drehen sich die Blüten dem Lichte zu, bevor sie abgeerntet und zu Viehfutter verarbeitet werden.

Restaurant zur Stube: Die schöne Landbeiz ist nicht zu verfehlen. Dort, wo in Rüdlingen die meisten Autos stehen, ist die «Stube». Hier bekommt man die frischesten und besten Fische aus dem Rhein.

Chäs Graf: Der einzige Schaffhauser Käse, der «Staaner Ratsherrenkäse», kommt aus Stein am Rhein. Der vollfette, aus Rohmilch hergestellte Käse wird mit Wein und Pfeffer gepflegt. Leo Graf prüft mit dem Käsebohrer, wie reif der Käse ist.

ÖCHSLEGRAD MESSEN

GRAUBURGUNDER

KLETTGAU

RESTAURANT «BAD OSTERFINGEN»

SCHAFFHAUSERZUNGEN

SONNENBLUMEN

RESTAURANT ZUR STUBE

CHÄS GRAF

**Tessiner Köstlichkeiten:
Polenta mit Manzo brasato,
rustikale Würste wie
Luganiga und Luganighetta
und dazu einen Merlot
(von Vico Morcote
aus fotografiert).**

W la Polenta!

FOTOS: HANSJÖRG VOLKART   TEXT: VERENA THURNER-MACKERT

TESSIN

Strahlend blauer Himmel, im Wind sich wiegende Palmen, ein schlanker Campanile – nichts vermag unsere Sehnsucht nach Wärme, nach Romantik, nach Dolce-far-niente so sehr zu entfachen wie dieses Bild unseres südlichsten Kantons. Doch das Tessin hat noch viele andere (Bilderbuch-) Seiten. Es gibt auch die abgelegenen, von den Einwohnern verlassenen Täler, die steilen Ufer, Logenplätze der Reichen, die mondänen Seepromenaden mit flanierenden, sonnenhungrigen Nordländern. Erstaunlich, dass sich bei dieser Vielfalt die schlichte Cucina der Nonna halten konnte. Neben dem milden Klima und der grandiosen Landschaft ist die Tessiner Küche ein weiterer Anziehungspunkt für die zahlreichen Touristen. Einer, der weit über die Grenzen des Tessins, ja der Schweiz hinaus für seine Kochkunst

bekannt ist, Angelo Conti Rossini (Bild), ist zurückgekehrt zur Gastfreundschaft seiner Vorfahren. In seiner Osteria «Agora» geniesst der Gast die urtümliche Küche.

Die alten Gerichte der «nonna» sind die besten

Die Tessiner Küche hat Tradition. Trotz oft überbordenden Tourismus' hat sie ihre Ursprünglichkeit behalten. Die Produkte aus der eigenen Landwirtschaft sind Basis für die währschafte Kost. In unserem südlichsten Kanton ist es nicht schwierig, zu regionalen Gerichten zu kommen. Echte und unverfälschte Spezialitäten finden Sie in den beliebten Grotti.

TOMATENSALAT «ZU EHREN DER KAMELIE»

MINESTRONE

Wer kennt sie nicht, diese wunderbar währschafte Suppe aus dem Tessin, die eine ganze Mahlzeit ersetzen kann. Im Tessin wird die Minestrone meist für mehrere Tage zubereitet. Am zweiten und dritten Tag kann sie mit Teigwaren oder Reis gestreckt werden.

300 g grüne Bohnen
200 g Wirz, 250 g Rüebli
2 Lauchstengel, 1 Sellerieknolle
2 Zwiebeln, gehackt
50 g Speckwürfel
3 Esslöffel Öl, 4 Bouillonwürfel
2 Esslöffel Tomatenpüree
1 Büschel Peterli, gehackt
Basilikum, Salbei, Rosmarin
4 Tomaten, geschält und entkernt
4 Kartoffeln, in Würfel
1 Handvoll Borlotti-Bohnen, gekocht

Bohnen, Wirz, Rüebli, Lauch und Sellerie in gleichmässige Stücke schneiden. Mit den Zwiebeln und den Speckwürfeli im Fett dämpfen. Mit 3 Liter Wasser ablöschen, aufkochen und auf kleinem Feuer 2 Stunden kochen. Dann Tomatenpüree, Bouillonwürfel, Kräuter und Gewürze beigeben. Weiterkochen und nach 30 Minuten die Tomatenwürfel und die geschnittenen Kartoffeln beifügen. Nochmals 30 Minuten leicht kochen. Borlotti-Bohnen dazugeben, mit geriebenem Käse servieren.

Die Zutaten für die Minestrone können je nach Saison verschieden sein.

MANZO BRASATO– GESPICKTER RINDSBRATEN

Die Pièce de résistance der Tessiner Küche. Sie bekommen es in jedem Grotto. Dazu wird Polenta serviert.

1 kg gespickter Rindsbraten (Huft)
2 Schweinsfüsschen, Bouillon
MARINADE:
100 g Rüebli, kleingeschnitten
100 g Sellerie
100 g Zwiebeln, gehackt
4 Knoblauchzehen
2 Lorbeerblätter
2 Nelken, 1 Liter Merlot
Salz und Pfeffer
SAUCE:
altbackenes Brot
1 dl Marsala
1 Teelöffel Maizena
100 g Champignons
100 g frische Steinpilze
1 Tomate, geschält und entkernt, Peterli, gehackt
Butter

Rindsbraten 5 bis 6 Tage in der Marinade beizen. Mit Küchenpapier trockentupfen und anbraten, mit der Marinade ablöschen und mit der Bouillon auffüllen, bis das Fleisch ganz bedeckt ist. Das altbackene Brot in Stücke dazugeben. Zwei bis drei Stunden im Backofen schmoren lassen. Braten warm stellen, Sauce durch ein Sieb streichen und aufkochen. Maizena und Marsala mischen und zur Sauce geben. In einer Bratpfanne Butter erhitzen und die zerkleinerten Tomaten und Pilze dazugeben, mit Salz und Pfeffer würzen. Den Braten in Tranchen schneiden und die Sauce darübergeben. Mit den Pilzen und gehackten Peterli garnieren.

TOMATENSALAT ZU EHREN DER KAMELIE

Agnese Broggini vom Restaurant «Stazione» in Intragna hat zu Ehren der Kamelie einen wunderschönen Salat aus Tomaten kreiert.

4 vollreife Tomaten
Aceto di Modena, Olivenöl
Salz und Pfeffer

Die Tomaten in kleine Teile schneiden und zu einer Blume zusammenfügen. Die fertige Blume wird mit einigen Tropfen Aceto di Modena beträufelt, mit wenig Olivenöl überzogen und mit Salz und Pfeffer gewürzt.

POLENTA

Sehr schmackhaft wird die Polenta mit den vier Sorten nostrana, nera, dorata und bramata. Falls Sie diese in Ihrer Wohngegend nicht bekommen, können Sie sie bei der Agricola, Via Locarno 50, 6616 Losone, bestellen.

100 g Polenta nostrana
100 g Polenta nera
100 g Polenta dorata
100 g Polenta bramata
2 Liter Wasser, Salz

Das Salzwasser zum Kochen bringen und den gemischten Mais langsam einrieseln lassen. Feuer klein stellen und unter öfterem Rühren 1 bis 1½ Stunden kochen. Auf ein Brett anrichten, mit nassem Küchentuch formen und Schnitten abschneiden.

Gehobene Kochschule: *Leicht erhöht, auf alten Schulbänken, sitzen die Schüler in Angelo Conti Rossinis Kochschule in Brissago. Bei Meister Conti Rossini kann man nicht nur kochen lernen, in seiner Osteria «Agora» serviert der liebenswürdige Wirt Salami, Brot und Wein.*

Locarnos Flanier-Promenade: *Wer Ruhe und Sonne sucht, findet sie am lieblichen Ufer des Lago Maggiore.*

Frische Formaggini: *12 bis 24 Stunden bleiben die Ziegenkäslein in der Röhre. Dann werden sie geschnitten und gesalzen. Maurizio Lorenzetti produziert in Maggia jeden Tag die in den Grotti so beliebten Käslein. Sie werden heute vor allem von «Aussteigern» im Maggiatal hergestellt.*

Tessiner Wein: *Seit 1981 leben Lilo und Werner Stucky in Rivera und keltern hier ihren Merlot del Portico. Kenner betiteln Stuckys Merlot als «hervorragenden Wein mit Zukunft» und als «stolzen Wein».*

Giovanni Albisetti schenkt ein: *Seit 12 Jahren keltert Giovanni Albisetti, ehemaliger Radrenn-Amateur (1961 Gewinner der Züri-Metzgete) seinen eigenen Merlot. Probieren Sie in seinem Grotto oberhalb von Vico Morcote auch seinen weissen Merlot und vor allem seine Tortelloni. Es soll Gourmets geben, die für die begehrten Teigwaren den weiten Weg von Mailand bis zu ihm machen.*

Der Himmel hängt voller Mais: *In Albisettis Grotto Alpe Vicania bekommt man nicht nur Mais und Tortelloni, sondern jeden Tag ein Tessiner Menü.*

Strassen-Café in Lugano: *Beliebter Treffpunkt für Sonnenhungrige sind die vielen Strassen-Cafés im Tessin. Sehen und gesehen werden, lautet das Motto.*

Frische Pilze das ganze Jahr: *Das «Bellavista» in Vico Morcote ist einer der schönsten Aussichtspunkte des Tessins. René Schwarzer präsentiert die Spezialitäten des Hauses: frische Pilze, selbstgemachte Teigwaren und das Marktangebot des Tages.*

GEHOBENE KOCHSCHULE

LOCARNOS FLANIER-PROMENADE

FRISCHE FORMAGGINI

TESSINER WEIN

GIOVANNI ALBISETTI SCHENKT EIN

DER HIMMEL HÄNGT VOLLER MAIS

STRASSEN-CAFE IN LUGANO

FRISCHE PILZE DAS GANZE JAHR

Risotto – beliebteste Tessiner Spezialität

Die Tessiner Polenta eignet sich besonders zu Fleisch mit Sauce – wie Manzo Brasato. Für Fleisch ohne Sauce wie etwa Saltinbocca dagegen eignet sich als Beilage ein saftig-sämiger Risotto.

RISOTTO

RISOTTO

Risotto-Rezepte gibt es viele, je nach Gegend variieren die Zutaten. Im Tessin wird er oft mit Rotwein gemacht. Für das Auge ist er so eher ungewohnt, er schmeckt aber kräftiger. Wir geben Ihnen ein Grundrezept. Je nach Belieben kann dieses Rezept abgewandelt werden mit Safran, Pilzen, Mark oder Gemüse.

400 g Arborio
1 Zwiebel, fein gehackt
4 dl Weisswein
4 dl Bouillon
50 g frisch geriebener Sbrinz oder Parmesan
2 Esslöffel Rahm
40 g Kochbutter
Salz, Pfeffer

Zwiebel in der heissen Butter dämpfen, Reis dazugeben. Unter Rühren leicht rösten. Mit dem Weisswein ablöschen. Unter ständigem Rühren einkochen lassen, dann nach und nach die Bouillon dazugeben. Sobald der Reis knapp weich ist, den geriebenen Käse und den Rahm zufügen. Mit Salz und Pfeffer abschmecken.

Der Risotto sollte noch etwas «Biss» haben und leicht suppig sein. Im «Stazione» in Intragna wird der Risotto in einem ausgehöhlten Käse serviert.

TORTA DI PANE – BROTKUCHEN

Wohl nirgends findet man eine so köstliche Restenverwertung. Eine wunderbare Torta di pane haben wir im «Grotto al Sprüch» in Ludiano bekommen.

250 g altbackenes Brot
1 Liter Milch, 1 Vanilleschote
100 Amaretti
3 Eier, Prise Salz, 180 g Zucker
1 Teelöffel geriebene Zitronenschale
50 g kandierte Früchte
100 g Sultaninen
100 g geschälte Mandeln, gerieben
1 Teelöffel Zimtpulver, Muskat
50 g dunkle Schokolade
2 Esslöffel Grappa, 50 g Butter
2 Esslöffel Pinienkerne
3 Esslöffel Paniermehl
30 g Butter

Milch mit Vanilleschote aufkochen und über das kleingeschnittene Brot giessen. 3 Stunden zugedeckt stehenlassen. Amaretti zerbröckeln und daruntermischen, die Masse durch eine Passevite drehen. Eier, Salz und Zucker zu einer Crème schlagen. Zitronenschale, kandierte Früchte, Sultaninen, Mandeln, Muskat, Zimt, geriebene Schokolade und Grappa zugeben. Brotmasse und Crème zu einem Teig verarbeiten. Kuchenform mit Butter bestreichen, mit Paniermehl bestreuen und die Masse einfüllen. Pinienkerne darüberstreuen und mit Butterflocken belegen. Eine Stunde bei 180 °C backen.

Die schönsten Grotti

«Grotto Alpe Vicania», sopra Morcote: Das wunderschöne Grotto zwischen Vico Morcote und Carona liegt ganz einsam auf einer Alp.

«Grotto Eremo di San Nicolao»: Monte Generoso: Die ehemalige Einsiedelei des San Nicolao ist nicht leicht zu finden. Nach der Ortschaft Somazzo liegt rechts das Restaurant «Passerotto». In der nächsten Rechtskurve nehmen Sie den Weg steil links hinauf. Die Aussicht ist überwältigend. Und der Risotto ist ein Gedicht!

«Grotto dei Tigli», Balerna: Gleich neben dem idyllischen Kirchlein Sant'Antonio liegt dieses Grotto.

«Grotto Raffael», Losone: Das richtige Grotto für heisse Sommertage. Unter den schattenspendenden Bäumen schmecken die Spaghetti vom Holzkohlenfeuer doppelt so gut.

«Antico Grotto Mai Morire», Avegno: Das erste Grotto im Valle Maggia. Versuchen Sie den vom Patron selbstgemachten Nocino (Nusslikör).

«Grotto al Sprüch», Ludiano: Die selbst hergestellten Wurstwaren schmecken vorzüglich, und die Torta di pane ist die beste weit und breit.

«Grotto Poiana», Poiana: Zwischen Riva S. Vitale und Brusino liegt dieses Grotto mit der reich bemalten Fassade. Hier müssen Sie Coregoni in carpione (eingelegte Felchen) probieren.

Traditions-Restaurant: Das «Bianchi», im Herzen Luganos an der Via Pessina, ist so etwas wie die «Kronenhalle» des Tessins. Ins «Bianchi» geht man nicht wegen des Essens, hier geniesst man vor allem die gepflegte Atmosphäre dieses ältesten und traditionsreichsten Tessiner Restaurants.

Parco Scherrer: Der weitgereiste Kunstliebhaber H. A. Scherrer schuf an diesem Berghang in Morcote seine eigene Welt. Der Besucher findet im Parco Scherrer Kunstwerke aus den verschiedensten Kulturen und Epochen zwischen Bambushainen, Zypressen, Zedern und Palmen.

Kochen ist ihr Leben: Seit Agnese Broggini vom Ristorante «Stazione» in Intragna denken kann, kocht sie. Und sie kocht für ihre Gäste mit Leidenschaft die alten Gerichte der Cucina nostrana.

Sonntags-Markt: In Cannobio, einen Katzensprung von Brissago entfernt, aber bereits auf der italienischen Seite, kann man sich auch sonntags mit frischem Gemüse eindecken.

Hauptstadt des Tessins: Wahrzeichen Bellinzonas, des liebenswürdig kleinstädtischen Verwaltungszentrum des Tessins, sind die drei Kastelle Uri, Schwyz und Nidwalden.

Typische Grotto-Mahlzeit: Manzo brasato, Polenta und Merlot im «Chacheli», dieses Gericht bekommen Sie in jedem Grotto, wo warmes Essen serviert wird.

Tessiner Gebäck: Die besten Amaretti soll es in der Bäckerei Fontana an der berühmten Piazza in Locarno geben. Vergessen Sie nicht, sich auch einen hausgemachten Panetone einpacken zu lassen – er schmeckt köstlich.

Strassen-Polenta: Im Ristorante «Battello», unter den Lauben von Morcote, wird seit 30 Jahren täglich die Polenta vom Chef des Hauses gerührt. Das Zuschauen und der aufsteigende Duft der Polenta heben den Appetit gewaltig.

TRADITIONS-RESTAURANT BIANCHI

PARCO SCHERRER

KOCHEN IST IHR LEBEN

SONNTAGS-MARKT

HAUPTSTADT DES TESSINS

TYPISCHE GROTTO-MAHLZEIT

TESSINER GEBÄCK

STRASSEN-POLENTA

Der Emmentaler Speisezettel hat sich seit Gotthelfs Tagen wenig verändert. Käse, Hamme, Most, Züpfe, Bauernbrot – und beim Verdauen hilft ein Bätzi.

FOTOS: LOTTI BEBIE   TEXT: MADELEINE KRESSEBUCH

EMMENTAL

Die liebliche Hügelland-schaft, die stattlichen Bauernhäuser mit den tiefheruntergezogenen Dächern und den präch-tigen Vorgärten sind die Wahrzeichen des Emmentals. Ebenso typisch sind die Gastlich-keit und der Stolz der Bäuerinnen, alles aufzu-tischen, was der Hof hergibt. Spätestens seit Gotthelf weiss man auch in der übrigen Schweiz, wie gerne die Emmentaler bei Speis und Trank beisammen sassen – und es noch immer tun, wie sie Feste feierten, an denen Gang um Gang – buch-stäblich bis zum Geht-nichtmehr – gereicht wurden. Besonders verdient um das Über-leben der traditionellen Emmentaler Küche machte sich Fritz Gfeller (Bild), Wirt im Gasthof «Kreuz» in Weier und

Kochbuchautor. Nachdem er als Schiffskoch über die Weltmeere gesegelt war, kehrte er ins Emmental zurück, wo er im väter-lichen Gasthof die Gott-helf-Küche wiederauf-leben liess.

Im Emmental geht keiner hungrig von dannen

In tage- und nächtelanger Kleinarbeit trug Fritz Gfeller überlieferte Rezepte zusammen, kochte sie durch und verfeinerte sie. Geholfen haben ihm bei seinem ehrgeizigen Projekt zahlreiche Bäuerinnen aus der Umgebung, vor allem Lina Ryser, die als Köchin lange Zeit in Emmentaler Bauernhäusern gearbeitet hatte.

Eine grosse und gelungene Auswahl dieser alten Emmentaler Speisen werden im «Kreuz» serviert. Ausgesprochen beliebt ist der «Chlepfer-Änni-Topf» – im Sommer garniert mit «Gmüesigem vom Pflanzplätz», im Winter mit Rotkraut. Dazu gehören «ygleiti Bire u Zwätschge u Späckhärdöpfu».

CHLEPPER-ÄNNI-TOPF

8 Pouletbrüstchen zu 100 g
3 Esslöffel eingesottene Butter
150 g Butter
150 g Paniermehl
2 Teelöffel Knoblauch, gehackt
1 Esslöffel Zwiebeln, gehackt
1 Esslöffel Peterli, gehackt
4 frische Rosmarinblättchen
Salz, Pfeffer

Das Fleisch mit Salz und Pfeffer würzen und in der Bratbutter braten. Warm stellen. Für die Chlepfermischung die Butter braun werden lassen, Knoblauch, Zwiebeln, Peterli und Rosmarinblättchen beigeben und kurz anziehen lassen. Paniermehl dazugeben und rühren, bis eine feste Masse entsteht. Auf die Pouletstücke streichen und im Ofen überbacken.

SPÄCKHÄRDÖPFU

Die kalten, am Vortag gekochten Kartoffeln schälen und in haselnussgrosse Stücke schneiden, mehrmals in der heissen Butter schwenken. Wenn die Kartoffelstückchen goldbraun sind, Speckwürfel, Zwiebeln, Knoblauch und frischen Peterli beifügen und würzen.

DORNGRÜT ZIMIS

16 Dörrzwetschgen
4 dl Rotwein
80 g Zucker, 1 Prise Zimt
Zitronenschale, gerieben
1 Lorbeerblatt, 2 Nelken

Zwetschgen am Vortag einweichen, dann im Sud aus Rotwein und den restlichen Zutaten aufkochen.

4 frische Birnen, geschält
1,5 dl Gewürzessig
2,5 dl Wasser
130 g Zucker
20 g Senf

Die Birnen im Sud von Essig, Wasser, Zucker und Senf 15–20 Minuten kochen, bis sie weich sind.

Kochen wie zu Gotthelfs Zeiten

«Rezepte aus dem Emmental» (Hallwag-Verlag) von Fritz Gfeller ist eine Zusammenfassung seiner beiden früheren Kochbücher «Emmentaler Küche» und «Emmentaler Rezepte», die inzwischen vergriffen sind.

Die neue Ausgabe enthält gegen 100 überlieferte Rezepte. Die eingestreuten Schilderungen zum Thema Essen und Trinken aus Gotthelfs Erzählungen sowie die Illustrationen von René Bürki geben dem Buch seinen einmaligen Rahmen.

Wer gerne ein handsigniertes Exemplar möchte, kann dieses direkt bei Fritz Gfeller, Gasthof «Kreuz», 3462 Weier, bestellen. Der Preis inkl. Porto und Verpackungen beträgt 39 Franken.

DORNGRÜT-ZIMIS

Der Dorngrütbauer aus Gotthelfs «Geld und Geist» mochte reich, habgierig und geizig sein. Ein feines Gericht schien er jedoch nicht zu verschmähen.

je 150 g geschnetzeltes Kalb-, Rind- und Schweinefleisch
2 Esslöffel Öl
2 Esslöffel Zwiebeln, gehackt
1 Teelöffel Knoblauch, gehackt
2 Esslöffel Weisswein
Salz, Pfeffer

Das Fleisch würzen und nacheinander die drei Sorten im heissen Öl anbraten. Alles Fleisch zurück in die Bratpfanne geben, Zwiebeln und Knoblauch beifügen, kurz mitbraten, aus der Pfanne nehmen und warm stellen. Mit dem Weisswein den Bratensatz auflösen, gut durchkochen und zum Geschnetzelten geben.

200 g frische Pilze
4 dl Rahm
1 dl Bratensauce, gebunden
2 Esslöffel Zwiebeln, gehackt
1 Teelöffel Knoblauch, gehackt
2 Esslöffel Weisswein
1 Esslöffel Cognac
Salz, Pfeffer
1 Esslöffel Butter

Die fein geschnittenen Pilze, Knoblauch und Zwiebeln in Butter anziehen, würzen und zudecken, bis sie etwas Wasser gezogen haben. Weisswein und Cognac, dann Rahm und Bratensauce beifügen. Zur gewünschten Dicke binden, nach Belieben abschmecken. Dazu wird im «Kreuz» eine «schön bröseleti» Speckrösti serviert.

Gasthof «Kreuz», Weier für unverfälschte Emmentaler Küche die richtige Adresse. Die Wirtsleute Gfeller bewirten Sie nicht nur aufmerksam, auf Wunsch organisiert man für Sie auch eine unvergessliche Rösslifahrt, die Sie an den schönsten Bauerngütern vorbeiführt.

Weiden, Wald und Äcker, dazwischen ein einsames Gehöft, – eine Landschaft, die die Menschen prägt.

Kemmeribodenbad: Historische Badewirtschaft im Quellgebiet der Emme zwischen Schrattenflueh und Hohgant. Auf dem Speisezettel stehen Erzeugnisse vom eigenen Bauernhof, frische Bachforellen aus der Gegend und die legendären Merängge.

Ämmitaler-Platte: Sie umfasst «e Zylete Fleisch vom Soili u öppis vo dr Chue, garniert mit schön gstungetem u styf bröseletem Surchabis, Bohne u Härdöpfu». Reichhaltiger könnte eine Berner Platte kaum sein als die im «Hirschen» in Trubschachen.

Schonegg: Ein Sonnenstrahl zwischen den schweren Regenwolken rückt das wunderschöne Wandergebiet zwischen Sumiswald, Wasen und Affoltern ins beste Licht.

Burgerstube im «Weissen Rössli» im Zäziwil – eine Adresse, die auch unsere «Höchsten» in Bern kennen und schätzen. Die Vorsteher des Militärdepartements sollen sich in der Generalstube besonders wohl fühlen.

Gemüsemarkt in Burgdorf: Ob's stürmt oder schneit, unter den Arkaden in der Oberstadt kann man immer ohne Schirm «z Märit ga».

Einfach eine Pracht ist das Gasthaus «Zum Kreuz» in Sumiswald, das 1664 erbaut wurde. Berühmt geworden ist der grosse Saal, in dem Szenen für die Gotthelf-Filme von Franz Schnyder gedreht wurden.

GASTHOF KREUZ, WEIER

WEIDEN, WALD UND ÄCKER

KEMMERIBODEN-BAD

ÄMMITALER PLATTE

SCHONEGG

BURGERSTUBE

GEMÜSEMARKT IN BURGDORF

EINFACH EINE PRACHT

Tradition hat die währschafte Kost

HOMBERG-GSOTTNIGS

Zum Homberg bei Oschwand haben die Gfellers eine besondere Beziehung: Dort, im Sepp-Hüsi, wohnt der Künstler René Bürki, der nicht nur die treffenden Illustrationen für Fritz Gfellers Kochbuch geschaffen, sondern dessen Idee vom ersten Moment an begeistert unterstützt hat.

| 3 Liter Wasser |
| 80 g Fleischbouillon |
| 1,5 kg Siedfleisch (Brustkern) |
| 8 Markbeine |
| 1 kleiner Lauch, ¼ Sellerie, 2 Lorbeerblätter, 4 Nelken, ½ Karotte, 4 Zwiebelhälften |

Das Siedfleisch in der Bouillon 1½ Std. kochen lassen. Das zerkleinerte Gemüse beigeben und weiterkochen, bis das Fleisch weich ist (2–3 Stunden). Das Siedfleisch herausnehmen und warm stellen. Die Markbeine heiss abspülen, in die Fleischsuppe legen und 10 Minuten ziehen lassen. Zwiebeln, Gewürze entfernen, die Brühe, mit Weisswein und Madeira

HOMBERG GSOTTNIGS

verfeinert, als Vorspeise servieren. «Chifu, Salzhärdöpfu u Meerrettichschum» dazu reichen.

1 Esslöffel geraffelter Meerrettich unter 1 dl geschlagenen Rahm ziehen. Mit Pfeffer und Zitronensaft abschmecken.

VRENELIS BUREBROT

Der Emmentaler Bauernhof war ganz auf Selbstversorgung eingerichtet. Das Brot und die süssen Gebäcke wurden von der Bäuerin selbst hergestellt. Mit Dinkelmehl – das heute wieder so im Trend liegt – hat man im Emmental schon immer Brot gebacken. Hier das Rezept von der Schweikhof-Bäuerin Vreneli.

| 1 kg Dinkelmehl |
| 2 dl Wasser, 2,5 dl Milch |
| 20 g Salz, 1 Würfel Presshefe |

Mehl und Salz in einer Schüssel vermischen. Wasser und Milch leicht erwärmen, die Hefe darin auflösen und dem Mehl beigeben und zu einem Teig verarbeiten. Bei Zimmertemperatur eine gute Stunde aufgehen lassen. Zu einem runden Brot formen und im vorgeheizten Ofen bei 225 Grad etwa eine Stunde backen.

LINAS MÜLI-STETTLE-GREEME

| 3 Eier |
| 250 g Zucker |
| 30 g Vanillecrèmepulver |
| 150 g Zitronensaft |
| 1 Liter Apfelsaft |
| 1 dl Rahm, flüssig |
| 1 dl Rahm, steifgeschlagen |
| 1 Becher Joghurt |

Süssmost, Zitronensaft und Zucker zusammen aufkochen. Eier, Vanillecrèmepulver und flüssigen Rahm verrühren und unter ständigem Rühren dem heissen Apfelsaft beimengen. Alles nochmals kurz erhitzen. Crème sofort umschütten und rühren, bis sie etwas abgekühlt hat. Vor dem Servieren Joghurt und Schlagrahm darunterziehen.

Gluschtigs usem Ämmital

Die nachstehenden fünf Gasthöfe führen im Februar und März jeweils Emmentaler Wochen durch:

Gasthof «Kreuz», Weier, führt das ganze Jahr ein reichhaltiges Angebot an Emmentaler Spezialitäten.

Gasthof «Ilfisbrücke», Langnau. Spezialitäten des Hauses sind die «Räbloch-Förnli» (Forellen) mit Schneekartoffeln, das «Zueguet-Schnitzu» und die hausgemachte Nusstorte.

Gasthof «Sternen», Grosshöchstetten. Die Höchstetter Käseschnitte und das «Berner Ratsherrengschnätzlets» sind zu empfehlen. An Markttagen wird die traditionelle Höchstetter Märitsuppe serviert.

Gasthof «Hirschen», Trubschachen. Küchenchef Soltermanns Berner Platte ist ein Erlebnis.

Gasthof «Löwen», Heimiswil, ist berühmt für seine Landvogt-Rehschnitzel und die Heimiswiler Platte.

O sösch no guet ässe:

Gasthof «Weisses Rössli», Zäziwil. Hier gibt es eine währschafte Berner Platte mit sechs Sorten Fleisch, «Burehamme» und es «Brächere-Brönnts» während der «Brächete».

Gasthof «Kreuz», Sumiswald. Gemundet haben die Kalbsleberli mit Speckrösti, das Lammfiletspiessli und die «Brönnti Greeme».

Käserei Friedersmatt bei Bowil: In der alten, renovierten Dorfkäserei wird das Kessi noch mit einem Feuerwagen beheizt. Wie der berühmte Löcherkäse entsteht, können Besucher in der Schau-Käserei Affoltern i. E. mitverfolgen.

Hornussen: Dieser sonntägliche Männersport stammt aus dem Emmental und gehört zu ihm wie die Löcher in seinem Käse.

Lüderenalp: Nicht nur die atemraubende Rundsicht auf Berner Alpen und Jura zieht alljährlich ganze Völkerscharen an, sondern auch die «Lüdere-Chilbi», das grösste Schwing- und Älplerfest weit und breit, welches jedes Jahr im August stattfindet.

Gasthaus «Ilfisbrücke» in Langnau, wo sich die Eidgenössische Schwingerstube befindet und man den berühmten «Nusschueche» zum schwarzen Kaffee geniesst. Tip: Lassen Sie sich gleich beim Bestellen des Hauptgerichtes eines der begehrten Stücke reservieren.

Emmentaler Merängge aus der Bäckerei Oberli in Schangnau mit viel, viel frischem Käsereischlagrahm. Man glaubt, man bringe diese Portion nie im Leben runter – und dann geht's doch.

Bätzi (Obstbranntwein) brennt der Störbrenner Gottlieb Steiner aus Wyssachen weitaus am meisten, aber auch Kirsch und Zwetschgenwasser.

Chrömli am laufenden Band gibt es in der Biscuitfabrik Kambly in Trubschachen. Das Bretzeli, Kamblys Ur-Guetzli, wird seit 75 Jahren nach demselben Rezept hergestellt.

Mosterei Ramseier. Hier wird ein grosser Teil der regionalen Obsternte verwertet. Der Süssmost, der «Suure Moscht» in der nostalgischen Flasche mit Bügelverschluss und der «Ämmitaler Bureschämpis» sind zurzeit die Bestseller.

KÄSEREI FRIEDERSMATT

HORNUSSEN

LÜDERENALP

GASTHAUS ILFISBRÜCKE

EMMENTALER MERÄNGGE

BÄTZI

CHRÖMLI AM LAUFENDEN BAND

MOSTEREI RAMSEIER

Die traditionellen Aargauer
Rezepte sind geprägt vom reich-
haltigen Angebot an Gemüse
und Getreide, Obst und Beeren,
die noch heute auf den Böden
des Kantons wachsen.

FOTOS: LOTTI BEBIE TEXT: MADELEINE KRESSEBUCH

AARGAU

Rüeblikanton ist sein Spitzname – doch auf dem fruchtbaren Aargauer Boden gedeiht noch vieles mehr, etwa Kirschen, Äpfel, Getreide und selbstverständlich Weinreben. Ja, der Aargau ist ein Weinkanton, und zwar einer der wichtigsten der deutschen Schweiz. Die sonnigen Hänge des Ketten- und Tafeljuras mit ihren wärmespeichernden Kalk-, Molasse-, Mergel- oder Lössböden sind wie geschaffen für Rebbau. Dem Aargauer Wein verschrieben hat sich Anton Meier (Bild). Als Winzer und Wirt im Gasthaus «Zum Sternen» in

Würenlingen bietet er seinen Gästen ausschliesslich Aargauer Weine an, und zwar solche aus den eigenen Rebbergen. Das ist im «Sternen» eine Tradition, die auf das Jahr 1826 zurückgeht, als sich dem damaligen Weinhaus eine «Eigengewächswirtschaft» angliederte. Zum «Sternen» gehört auch heute nicht nur das gepflegte, kinderfreundliche Speiserestaurant, sondern eine Rebschule und noch immer das Weinhaus.

Typisch: die vielen Markt- orte, Klöster und Schlösser

Dass sich die Weinkarte vom «Sternen» sehen lassen darf, obschon sie «nur» Aargauer Weine ausweist, versteht sich von selbst. Neben Spitzenweinen wie dem Kloster Sion, einem roten Klingnauer aus dem Eichenfass, entdeckt man Raritäten wie den Gewürztraminer oder Spezialitäten wie den Crémant Opus, ein Schaumwein, den Anton Meier nach der «Méthode champagnoise» herstellt.

Sehr wohlwollend aufgenommen von den Gästen des «Sternen» wurden auch die Versuche mit traditioneller Aargauer Küche. Weil die typischen Aargauer Gerichte wie Suure Mocke, Schnitz und Drunder oder Kürbissuppe aber von währschafter Natur sind, erscheinen sie eher in der kühlen Jahreszeit auf der Speisekarte.

AARGAUER SUURE MOCKE

AARGAUER SUURE MOCKE MIT DÖRRZWETSCHGEN

für 10 Personen
2 kg Rindfleisch (Schulter)
Salz, Pfeffer aus der Mühle
2 Esslöffel Fett
1 Esslöffel Tomatenpüree
1 Esslöffel Mehl
2 Esslöffel Senf
MARINADE:
1 Liter Aargauer Rotwein
1 dl Weinessig
1 Zwiebel, zerkleinert
2 Rüebli, zerkleinert
1 kleiner Sellerie, zerkleinert
2 Knoblauchzehen
2 Nelken
2 Lorbeerblätter
10 Pfefferkörner, zerdrückt
1 Zweig Salbei

Das Fleisch etwa eine Woche lang in der Marinade zugedeckt an einem kühlen Ort stehen lassen. Täglich einmal wenden. (Die Zeit lässt sich auf 3 bis 5 Tage verkürzen, wenn man die Marinade etwas erwärmt.)

Das gut abgetropfte Fleisch mit Salz und Pfeffer einreiben. Das Fett in der Bratkasserolle erhitzen, den Braten auf allen Seiten gut anbraten. Tomatenpüree zugeben, das Gemüse aus der Marinade mitbraten, mit Mehl bestäuben. Das Ganze mit der geklärten Marinade ablöschen (klären: Marinade in separater Pfanne köcheln lassen, bis das Eiweiss vom Fleisch Flocken bildet, dann absieben). Den Braten etwa 1½ bis 2½ Stunden zugedeckt darin schmoren lassen, öfters übergiessen.

Den Braten herausnehmen, einige Minuten stehen lassen. Die Sauce durch ein Sieb giessen und nochmals aufkochen lassen. Mit wenig Senf abschmecken. Den Braten aufschneiden und auf eine vorgewärmte Platte anrichten. Die caramelisierten Dörrzwetschgen neben die Bratentranchen verteilen. Mit Sauce überziehen und mit Kartoffelstock und Saisongemüse servieren.

DÖRRZWETSCHGEN

300 g Dörrzwetschgen, entsteint
Butter, Zucker

Butter und Zucker in der Bratpfanne schmelzen, Dörrzwetschgen beigeben. (Wenn die Dörrzwetschgen sehr hart sind, über Nacht einlegen.)

BADENER CHRÄBELI

4 Eier, 500 g Puderzucker
1 Zitrone, abgeriebene Schale
etwas Kirsch, 2 Esslöffel Anis
½ Teelöffel Backpulver
500 g Mehl

Eier und Zucker schaumig rühren, Zitronenschale, Anis und Kirsch beigeben, Mehl und Backpulver dazusieben. Alle Zutaten zu einem Teil zusammenfügen, davon dünne Würst-chen formen und in 5 cm lange Stücke schneiden. Mit einem Messer die Würstchen 2- bis 3mal schräg einschneiden, zu einem leichten Bogen formen und auf ein Backblech legen. Über Nacht trocknen lassen, dann bei etwa 150 Grad 10 bis 15 Minuten bakken, bis die Chräbeli goldgelbe Füsschen erhalten.

SCHNITZ UND DRUNDER

Im «Sternen» verwendet man für diese Aargauer Spezialität den Lederapfel, weil dieser nicht verkocht. Das Gericht schmeckt ebenfalls herrlich mit gedörrten Apfelschnitzen.

250 g gedörrte Apfelschnitze, wenn möglich mit Schale
2 Esslöffel Zucker, 30 g Butter
300 g Speck geräuchert, am Stück
600 g Kartoffeln
1 Prise Salz, 1 Bouillonwürfel

Die Dörrschnitze mindestens 2 Stunden in warmem Wasser einweichen, absieben, etwa 2 dl Flüssigkeit behalten. Den Zucker in einer grosse Pfanne hellbraun rösten, die Butter und die Äpfel beifügen, kurz weiterrösten, mit dem Einweichwasser ablöschen und den Bouillonwürfel beifügen. Den Speck in mundgerechte Stücke schneiden und zugeben. Das Gericht etwa eine Stunde zugedeckt auf schwachem Feuer köcheln lassen. In der Zwischenzeit die Kartoffeln schälen und vierteln und zu den Schnitzen geben. Weitere 20 Minuten kochen, bis die Kartoffeln weich sind und die Sauce zu einer sämigen Dicke eingekocht ist.

Baden. Für die Badener war schon immer sonnenklar, wo das kulturelle und industrielle Zentrum des Kantons liegt. Und ganz bestimmt wissen sie auch, wie man Feste feiert, sei es die Badenfahrt, das Jugendfest oder die Fasnacht.

Gartenwirtschaft. Klein und idyllisch ist die vom Jägerstübli in Kallern. Man geniesst eine herrliche Aussicht auf das Freiamt – und eine ausgezeichnete Küche.

Wirtschaft Niesenberg. Von innen und von aussen gleichermassen stilvoll renoviert wurde das prächtige Freiämterhaus auf dem Lindenberg.

Kloster Fahr. Durstige Spaziergänger erholen sich gerne in der aargauischen Exklave in der Nähe von Zürich. Sonntags bringt eine Fähre die Ausflügler gratis von der Schlieremer Seite über die Limmat und zurück.

Habsburg. Die Festung gab einem der mächtigsten Geschlechter Europas den Namen. Heute beherbergt die Habsburg ein Ausflugsrestaurant. Nicht zuletzt deswegen dürfte sie für die Bewohner der Region Brugg und für Unterstufenschulreisen ein beliebtes Ziel sein.

Weinhaus zum Sternen, Würenlingen. In der gemütlichen Gaststube wird es Ihnen bestimmt gefallen. Dass Sie mit einem speziell guten Tropfen rechnen können, wissen Sie bereits. Kulinarisch kommen Sie auch nicht zu kurz, dafür sorgt Frau Meier, die Wirtin, der das Wohl ihrer grossen und kleinen Gäste sichtlich am Herzen liegt.

Zofingen, die Bilderbuchstadt. In der noch völlig intakten Altstadt wirken die an die Ringmauer gebauten Häuserreihen äusserst reizvoll.

Balchen heissen die Felchen vom Hallwilersee, und gebacken schmecken sie vorzüglich im Seehotel «Delphin» in Meisterschwanden.

BADEN

GARTENWIRTSCHAFT

WIRTSCHAFT NIESENBERG

KLOSTER FAHR

HABSBURG

WEINHAUS ZUM STERNEN

ZOFINGEN, DIE BILDERBUCHSTADT

BALCHEN

Gepflegte Landgasthöfe auf Schritt und Tritt

Unten im Keller des «Sternen», ganz nah bei den Weinen, befindet sich das gemütliche Winzerstübli – für kleinere Gesellschaften der ideale Ort für eine Fete. Und weil es einzig im Winzerstübli ein offenes Feuer gibt, wird dieses Gericht nur dort serviert.

ZIGEUNERSPIESS

Pro Person:

40 g Rindsfilet oder Huft
40 g Kalbsfilet oder -bäggli
40 g Schweinefilet
1–2 Cippolata
1 Tranche Speck
1 Maiskölbli aus dem Essig
1 kleine Tomate, ½ Zwiebel
¼ Peperoni, entkernt
1 Champignon
1 Scheibe Essiggurke

Den Speck um das Maiskölbli wickeln, dann die Zutaten abwechlungsweise auf einen Metallspiess stecken. Rundherum mit Öl bestreichen, mit Salz, Senf,

ZIGEUNERSPIESS MIT WINZERREIS

Kräutern und Pfeffer aus der Mühle würzen. Auf den heissen Rost legen und auf beiden Seiten anbraten, etwa 5 bis 7 Minuten.

WINZERREIS

für 10 Personen
700 g Langkornreis
50 g Butter
150 g Weinbeeren
70 g Mandelstifte

Den Reis in Salzwasser kochen, gut abtropfen lassen und in wenig warmer Butter wenden. Die Weinbeeren und die Mandelstifte in heisser Butter wenden und über den Reis verteilen.

AARGAUER RÜEBLITORTE

Dass sie die prominenteste Vertreterin der Aargauer Küche ist, darüber ist man sich in und ausserhalb des Aargaus einig. Ob man sie mit Haselnüssen oder Mandeln herstellt, darüber ist man getrennter Meinung. Letztlich ist doch alles Geschmackssache.

250 g rohe Rüebli, geschält, geraffelt
250 g Zucker
5 Eigelb, 5 Eiweiss
1 Prise Salz
½ Zitrone, Saft und abgeriebene Schale
250 g Mandeln oder Haselnüsse, gemahlen
50–100 g Mehl, je nach Wassergehalt der Rüebli
1 Esslöffel Backpulver
Nach Belieben etwas Zimt, Nelkenpulver und Kirsch

Den Zucker mit den Eigelb und dem Salz schaumig rühren. Mandeln oder Haselnüsse, Rüebli, Zitronenschale und Saft daruntermischen. Die Gewürze beifügen. Mehl und Backpulver dazusieben. Die Eiweiss steifschlagen und vorsichtig unter die Masse ziehen. Bei 180 Grad etwa eine gute Stunde backen.

Glasur
200 g Puderzucker
1 Esslöffel Zitronensaft oder Kirsch
Marzipanrüebli

Puderzucker mit der Flüssigkeit gut vermischen, bis die Masse schön glatt ist. Eventuell mit etwas Wasser verdünnen. Den erkalteten Kuchen damit überziehen und mit den Marzipanrüebli garnieren.

Die Rüeblitorte schmeckt nach ein paar Tagen am besten.

Guet ässe im Aargau

Restaurant «Pöschtli», Magden. Spitzenkoch Siegfried Rossal vom «Fédéral» in Zofingen hat sich jetzt im Fricktal niedergelassen.

Wirtschaft «Zum Stutz», Widen. Neben diversen Fisch- und Fleischspezialitäten fällt das umfangreiche Angebot an vegetarischen und Vollwertmenüs auf.

Seehotel «Delphin», Meisterschwanden. Traditionelles Fischrestaurant am Hallwilersee.

Restaurant «Jägerstübli», Kallern Liebe zum Detail und Sinn für Qualität und Zeitgeist prägen hier die Küche. Sind Sie neugierig, wie «Natura Beef» und «Porco Fidelio» schmecken?

Wirtschaft «Zur Täfern», Dättwil-Baden. Traditioneller Familienbetrieb. Gutbürgerliche Küche mit Saisonangeboten wie Wild oder hauseigener Metzgete.

Gasthaus «Zu den 2 Raben», Kloster Fahr. Spezialität des Hauses: Aargauer Ratsherrenplatte.

Restaurant «Schwanen», Oeschgen. Landgasthof mit grosser Gartenwirtschaft. Im heimeligen Fricktalerstübli wird gepflegte Küche angeboten, dazu passt ein Fricktaler Wein, Marke Eigenkelterung.

Restaurant «Rebstock», Baden. Umgebaut und unter neuer Führung hat dieses sympathische Lokal in der Altstadt bereits seine Fan-Gemeinde. Die diversen Grilladen, serviert mit Saisongemüse oder -salat, sind eine Freude für Auge und Gaumen.

Wirtschaft «Niesenberg», Oberniesenberg. Etwas Unbekanntes zu bestellen hat sich gelohnt: Versuchen Sie das Rindsfilet «Ardoise» auf der Tonplatte.

Schenkenbergertal. Ein verträumtes Tal im Kettenjura und eine wichtige Weingegend. Den Schinznacher Riesling-Sylvaner kennt man weit über die Kantonsgrenzen hinaus.

Aarauer Rüeblimärt. Das fröhliche Herbstfest ist in Anlehnung an den Berner Zibelemärit entstanden und wäre aus der Kantonshauptstadt nicht mehr wegzudenken.

Die Aare. Flüsse prägten von jeher das Gesicht des Aargaus. An ihren Ufern entstanden im Mittelalter die Marktorte und Ende des letzten Jahrhunderts die Industrien.

Brauerei Feldschlösschen. Selbst für erklärte Biermuffel ist das Sudhaus mit den glänzenden Kupferpfannen, den polierten, blauen Kacheln und den bemalten Glasfenstern ein optischer Genuss.

Bauernbrot aus dem Holzofen zu Speck, Beinschinken oder im Winter zur Metzgete schätzen die Gäste in der Bauernwirtschaft auf dem Achenberg, einem herrlichen Wandergebiet zwischen Zurzach und Döttingen, der Weinbaugemeinde, die für ihr Winzerfest bekannt ist.

Rebschule. Seit im letzten Jahrhundert die Reblaus nach Europa eingeschleppt worden ist, muss jede hiesige Rebe erst auf einen amerikanischen Stock aufgepropft werden. Die Rebschule Meier in Würenlingen veredelt bis zu 700 000 Jungreben jedes Jahr. Kein Schweizer Weingebiet, wo nicht «Würenlinger» wachsen.

Wasserschloss Hallwil: Gut erhaltene Schlösser sind im Aargau dicht gesät, doch Hallwil ist bestimmt eines der schönsten – und ist überdies für jedermann zugänglich.

Thermalbad von Zurzach. An kühlen Tagen ist das Baden im warmen Wasser ein Plausch für alt und jung (ab 6 Jahren). Zurzach ist der jüngste Badeort im Kanton. Die Bäder Schinznach, Rheinfelden und Baden blicken alle auf eine jahrhundertealte Tradition zurück.

SCHENKENBERGERTAL

AARAUER RÜEBLIMÄRT

DIE AARE

BRAUEREI FELDSCHLÖSSCHEN

BAUERNBROT AUS DEM HOLZOFEN

REBSCHULE

WASSERSCHLOSS HALLWIL

THERMALBAD VON ZURZACH

Der Nusskuchen
und die Fasnachtspastete
sind die berühmtesten
Spezialitäten der
Ambassadorenstadt
Solothurn

FOTOS: HANSJÖRG VOLKART   TEXT: MADELEINE KRESSEBUCH

SOLOTHURN

An der Aare, am Fusse des Weissensteins, liegt – fast ein wenig vergessen – die schönste Barockstadt der Schweiz. Dass Solothurn nicht der Nabel der Schweiz ist, stört die Solothurner nicht. Die Film- und Literaturtage rücken die einstige Ambassadorenstadt gerade genug ins Rampenlicht. Von 1530 bis 1792 war Solothurn Sitz der französischen Botschaft. Diese Epoche hat die Stadt nicht zuletzt in kulinarischer Hinsicht massgeblich geprägt: Die französische Küche inspirierte die Köche, und das ist bis heute so geblieben. Gaststätten, in denen typische Solothurner Gerichte serviert werden, sind kaum zu finden, dafür um so mehr innovative Wirte und kreative Köche. Zum Beispiel Gaston Derron (links im Bild) und Hermann Sahli (rechts), der das einzige Zunfthaus,

«zu Wirthen», führt. Und dort ist Gaston Derron – heute Patron vom «Chez Derron» – aufgewachsen.

Kulinarisch auf den Spuren der Ambassadoren

Typische Solothurner Gerichte findet man nicht so leicht. Irgendwie scheinen die Solothurner Spezialitäten – anders als die Berner Platte, die Basler Mehlsuppe oder das «Züri-Gschnätzlets» – nie den Sprung über ihre Kantonsgrenze geschafft zu haben. Und manchen Solothurnern selbst sind die oben erwähnten Gerichte weniger fremd als ihre «Krausi» und «Funggi». Dabei müssen wirklich nicht immer Kartoffelstock oder Rösti zu Saucenfleisch gereicht werden.

KRAUSI

2 grosse Zwiebeln	
50 g Butter	
200 g Weissbrot	
2–3 dl Milch	
Salz, Pfeffer, Streuwürze	

Zwiebeln in feine Streifen, Brot in kleine Würfel schneiden. Butter in einer Pfanne erhitzen, Zwiebeln und Brot darin dünsten. Mit der Milch ablöschen. Würzen und so lange köcheln, bis aus Zwiebeln, Brot und Milch ein Brei entstanden ist. Bei Bedarf noch etwas Wasser beifügen.

Passt ausgezeichnet zu Voressen.

FUNGGI

800 g Kartoffeln	
Salz	
500 g Äpfel	
1 Teelöffel Zucker	
100 g Butter	
1 dl Rahm	
1–2 Scheiben Brot, in kleine Würfel geschnitten	

Kartoffeln rüsten und in wenig Salzwasser knapp weich kochen. Die Äpfel rüsten, in Schnitze schneiden, auf die Kartoffeln legen. Nach Bedarf nochmals etwas Wasser sowie den Zucker beifügen, zusammen weich kochen. Übriggebliebene Flüssigkeit abschütten, Äpfel und Kartoffeln durch ein Passevite treiben. Mit 50 g Butter und dem Rahm verfeinern,

AAREHECHT-KLÖSSCHEN AN BASILIKUMSAUCE

in eine vorgewärmte, tiefe Platte anrichten. Die restliche Butter in einer Bratpfanne erhitzen, die Brotwürfeli darin goldgelb rösten und über die Funggi streuen.

Schmeckt ausgezeichnet zu einer Bauernbratwurst an Zwiebelsauce.

AAREHECHT-KLÖSSCHEN AN BASILIKUMSAUCE

250 g Hechtfilet, ohne Haut	
1½ dl Rahm, kalt	
150 g Brandteig	
Salz, Zucker, frischer Estragon, gehackt	
1 Liter Fischsud	

Das Hechtfilet fein hacken, anschliessend durch ein Sieb streichen. Den erkalteten Brandteig und den Rahm darunterarbeiten, bis die Masse bindet. Mit Esslöffeln Klösschen formen und im Fischsud pochieren – nicht kochen.

BASILIKUMSAUCE:

1 Glas Fischsud, kalt	
½ Glas Weisswein	
frisches Basilikum	
100 g Mascarpone	
Salz, wenig Zucker	

Fischsud und Weisswein zusammen mit den Basilikumblättern im Mixbecher mixen, in einer Pfanne auf 60 Grad erhitzen. Den Mascarpone beigeben, mit dem Schwingbesen vermischen. Würzen und warm zu den Hechtklösschen servieren.

SOLOTHURNER KUCHEN

Wenn man überhaupt von einem berühmten Solothurner Rezept sprechen kann, ist es dasjenige des Solothurner Kuchens. Das Gebäck besteht aus einem Japonaisboden und -deckel. Dazwischen befinden sich ein Biskuit und eine Buttercrème.

JAPONAIS:

3 Eiweiss	
100 g Zucker	
100 g Haselnüsse, gemahlen	
1 Esslöffel Maizena	

Eiweiss steif schlagen, Zucker unterziehen, weiterschlagen. Haselnüsse mit Maizena vermischen, vorsichtig unter den Eischnee ziehen. Die Masse in einen Spritzsack mit glatter Tülle füllen und spiralförmig auf zwei mit Backtrennpapier ausgelegte Backbleche dressieren (es empfiehlt sich, Boden und Deckel von je 22 cm Durchmesser mit Bleistift vorzuzeichnen). Bei mittlerer Hitze im vorgeheizten Backofen etwa 10 Minuten backen. Sofort mit einem Spachtel lösen und auskühlen lassen.

BISKUIT:

3 Eier	
100 g Zucker	
100 g Haselnüsse, gerieben	
50 g Mehl	
50 g Maizena	

Eigelb und Zucker schaumig rühren, Haselnüsse, Mehl und Maizena unterzie-

Zunfthaus «zu Wirthen». *Die gezimmerte Zunftstube mit den bunten Butzenscheibenfenstern ist ein wahres Bijou. Dass in der Küche und im Service alles klappt wie am Schnürchen, dafür sorgt Wirt Hermann Sahli mit Witz und energischem Charme.*

Ausflugsziel Weissenstein. *An sonnigen Tagen pilgern die Solothurner in Scharen auf ihren Hausberg. Oder sie lassen sich gemütlich von der Sesselbahn (von Oberdorf) hochtragen, um dann auf den Höhenwegen zu spazieren, zum Beispiel zum Gasthof «Hinter Weissenstein» (Bild), einer heimeligen Bauernwirtschaft.*

Der Passwang (943 m) *verbindet das Schwarzbubenland mit den restlichen Teilen des Kantons. Einst war er ein bedeutender Juraübergang, heute ist er ein wunderschönes Wandergebiet.*

Restaurant «Kreuz», *Tscheppach. Ein Beispiel für die zahlreichen gepflegten Landgasthöfe im Gebiet des Bucheggbergs.*

Restaurant «Stephan». *Beliebter Treffpunkt für Jung und Alt(ernativ) im Herzen Solothurns. Auch allen Rösti-Fans zu empfehlen: hier gibt es 22 Röstigerichte.*

Würziger Duft *liegt in der Luft. Ein blühendes Schnittlauchfeld im Schwarzbubenland.*

St.-Ursen-Kathedrale. *Das Wahrzeichen der Stadt Solothurn mutet wegen seiner Treppen, Säulen und freistehenden Skulpturen eher südländisch an. Der monumentale Bau wurde 1773 nach Plänen von Gaetano Matteo Pisoni aus Ascona fertiggestellt.*

Bucheggberg. *Landschaftliche Schönheit, intakte Bauerndörfer mit einladenden Wirtshäusern, freundliche Menschen – das findet man auf diesem sanften Hügelzug, der sich von Lyss der Aare entlang bis nach Solothurn erstreckt.*

ZUNFTHAUS «ZU WIRTHEN»

AUSFLUGSZIEL WEISSENSTEIN

PASSWANG

RESTAURANT KREUZ

RESTAURANT STEPHAN

WÜRZIGER DUFT

ST.-URSEN-KATHEDRALE

BUCHEGGBERG

Der Kanton Solothurn hat viele Gesichter

hen. Das Eiweiss zu Schnee schlagen, unter den Teig ziehen und in einer ausgebutterten Springform (Durchmesser 22 cm) 30 – 40 Minuten bei Mittelhitze backen, dann auf einem Kuchengitter auskühlen lassen.

BUTTERCRÈME:

150 g Butter	
120 g Puderzucker	
100 Haselnüsse, ganz	

Die Haselnüsse in einer Bratpfanne ohne Fett rösten, dann fein hacken.

Die Butter mit dem Puderzucker schaumig rühren, dann die Hälfte der Nüsse beifügen.

Auf den Japonaisboden die Hälfte der Buttercrème ausstreichen. Das Biskuit darauflegen. Dieses mit der restlichen Buttercrème bestreichen. Den Deckel auflegen. Den Rand glatt streichen und die restlichen gehackten Haselnüsse andrücken.

BRÄTKÜGELI AN WEISSER SAUCE

Vom berühmten französischen Rezept «Blanquette de veau» (Kalbsvoressen

SOLOTHURNER PASTETCHEN

an weisser Sauce) abgeleitet ist dieses Gericht.

500 g Kalbsbrät	
½ Tasse Paniermehl	
wenig Milch, I Ei	
2 Esslöffel Peterli, gehackt	
50 g Butter	
50 g Mehl	
2 Tassen Bouillon	
I dl Weisswein	
Salz, Pfeffer, Muskat	

Paniermehl, Milch, Brät und Peterli zu einem Teig rühren. Würzen.

Die Butter in einem Kochtopf erhitzen, das Mehl beifügen, kurz miteinander dünsten, mit dem Weisswein ablöschen, auf kochen, Bouillon beigeben, so viel, bis eine sämige Sauce entsteht. Würzen.

Aus dem Brätteig Kügelchen formen. Diese in der Sauce kurz köcheln lassen.

SOLOTHURNER PASTETCHEN

8 Blätterteig-Pastetchen	
150 g Milken, am Stück	
150 g Poulet, geschnetzelt	
150 g Kalbfleisch, geschnetzelt	
150 g Champignons	
5 dl Bouillon	
Butter, Mehl, Weisswein	

Die Champignons rüsten und vierteln. Die Bouillon aufkochen, die Milken darin kurz pochieren, abhäuten und in kleine Würfel schneiden. Pilze, Poulet- und Kalbfleisch in der Flüssigkeit ziehen lassen.

Mit Bouillon, wenig Weisswein, Mehl und Butter eine weisse Sauce herstellen (siehe Brätchügelirezept). Fleisch und Pilze in der Sauce erwärmen und die aufgebackenen Pastetchen damit füllen.

Die Solothurner Pastetchen sind eine Abwandlung der Solothurner Fasnachtspastete, die – ihrerseits eine Verwandte der Luzerner Chügelipastete – ursprünglich (ganz französisch) Schnecken- und Froschschenkel enthielt.

Solothurner Pastetli können Sie beim Gaston Derron essen, die Fasnachtspastete bei Hermann Sahli jedoch nur während der Fasnacht.

Chez Derron. Der gebürtige Solothurner Gaston Derron und seine Frau Monika führen mit Liebe und Enthusiasmus ihr renommiertes Speiselokal, wo der Gast neben kulinarischen Kreationen auch Bilder des malenden Wirts bewundern kann.

Pot-au-feu steht im «Chez Derron» jeden Mittwoch auf dem Speisezettel. Das ist eine Haustradition: Schon Derrons Vater pflegte sie im Zunfthaus «zu Wirthen».

Aare. Zwischen Biel und Solothurn fliesst die Aare durch eine ausgesprochen idyllische Gegend. Für die einstige Handelsstadt Solothurn war die Aare von grösster Bedeutung. Unter anderm wurde auch der Solothurner Wein darauf geflösst: Er wächst nämlich ausserhalb der Kantonsgrenzen, am Bielersee. Von der Flösserromantik ist ausser dem Ausdruck «chargé pour Soleure» – was soviel wie betrunken heisst –, nichts mehr geblieben.

Einsiedelei St. Verena. An diesen beschaulichen Ort nördlich der Stadt führt ein viertelstündiger Spaziergang durch eine Schlucht. Die Frommen besuchen den dort lebenden Einsiedler, die Durstigen die Gartenwirtschaft.

Landwirtschaft. Der Eindruck, Solothurn sei ein Agrarkanton, trügt. Solothurn bezeichnet sich als «Industriekanton im Grünen».

Historische Brunnen. Elf solche gibt's in Solothurn, der wahrscheinlich ältesten Schweizer Stadt. Ihre Fassaden und Gassen sind weitgehend erhalten geblieben. Doch Solothurn ist alles andere als museal – Solothurn lebt.

Goetheanum in Dornach: Der wuchtige, eigentümliche Bau entstand nach Plänen von Rudolf Steiner (1861–1925), dem Gründer der Anthroposophischen Gesellschaft, deren Sitz und Seminarzentrum das Goetheanum ist.

Spektakulärer Blick vom Weissenstein auf die Stadt Solothurn, auf den Lauf der Aare und bei guter Sicht auf die Alpenkette.

Fein ässe im Solothurnische

«Chez Derron», Solothurn. Gepflegtes Stadtrestaurant mit solothurnerisch-freundlicher Atmosphäre, wo der Patron selber in der Küche steht. Seine Spezialität sind Grilladen und Überraschungsmenüs.

Kurhaus Weissenstein», ob Solothurn. Geniessen Sie ein Stück Solothurner Kuchen auf der Sonnenterrasse oder im neurenovierten Lokal und erfreuen Sie sich der atemberaubenden Sicht auf das Mittelland und die Alpenkette.

Restaurant «Chutz», Langendorf. Gepflegtes Speiserestaurant in Bauernhaus am Fusse des Weissensteins. Lammspezialitäten.

Restaurant «Weyeneth», Nennigkofen. Gemütliche, kinderfreundliche Wirtschaft in wunderschönem Bucheggberg-Bauernhaus. Bauernspezialitäten aus eigener Räucherei.

Gasthof «Kreuz», Tscheppach. Landgasthof mit herrlicher Gartenwirtschaft in schmuckem Bauerndorf.

Gasthof «Kreuz», Mühledorf. Gepflegter Landgasthof mit Gartenwirtschaft und attraktivem Kinderspielplatz.

Zunfthaus «zu Wirthen», Solothurn. Ein Besuch lohnt sich schon allein wegen der historischen Gaststube und den Fenstern mit den Butzenscheiben.

CHEZ DERRON

POT-AU-FEU

AARE

EINSIEDELEI ST. VERENA

LANDWIRTSCHAFT

HISTORISCHE BRUNNEN

GOETHEANEUM

SPEKTAKULÄRER BLICK

TEXT: VERENA THURNER   FOTOS: HANSJÖRG VOLKART / EMANUEL AMMON

LUZERN

Unverfälschtes Luzern: die gedeckte Kapellbrücke mit dem achteckigen Wasserturm, die Hofkirche, der sterbende Löwe, der See und die Berge. Für diese Sehenswürdigkeiten reisen Touristen aus aller Welt nach Luzern. Unverfälschtes Luzern, das ist auch Chügelipastete, Birrewägge und Sbrinz, eine traditionelle Küche. Eine Küche, die dem Kirchenjahr folgt, im Fasten wie im Feiern. Die Küche einer Stadt, die selbstbewusst und doch touristenfreundlich ist, einer Region, die sich auf die Stadt ausrichtet, aber doch auch entschlossen ist, ihre Individualität zu erhalten. Peter Galliker (Bild) vom gleichnamigen Restaurant setzt in vierter Generation die Tradition dieser Küche fort. Das «Galliker» ist eine

Oase mitten in der Stadt, wo Regierungsräte und Arbeiter am gleichen Tisch sitzen und wo das freundliche Servicepersonal jahrelang das gleiche ist. Der Küchenchef des Restaurants «Galliker» kocht für uns die Luzerner Gerichte auf den folgenden Seiten.

500 Jahre Lozärner Chügeli-Baschteete

Die berühmte Pastete soll schon vor 500 Jahren den Zünftler Fritschi erfreut haben. So wird sie denn auch traditionsgemäss an der Fasnacht beim Bärteli-Essen der Luzerner Safranzunft serviert. Oft wird sie auch Fritschi-Pastete genannt.

Beherrschte ein Mädchen die Zubereitung der Chügelipastete, durfte es auch ans Heiraten denken, so die Überlieferung.

Nicht ganz so einfach ist auch heute noch die Zubereitung des Pastetenhauses. Die Mühe kann man sich allerdings sparen, denn auf Bestellung nehmen die Luzerner Bäcker Ihnen diese Arbeit ab. Unser Pastetenhaus haben wir bei der Bäckerei Hug bestellt. Das grösste Haus kostet um die 12 Franken.

LOZÄRNER CHÄSSUPPE

LOZÄRNER CHÜGELIPASTETE

Für 4 Personen:
SAUCE:
60 g Butter
1 Zwiebel, fein gehackt
1 Knoblauchzehe, fein gehackt
wenig abgeriebene Zitrone
40 g Mehl
2 dl Weisswein, 3 dl Bouillon
Salz und Pfeffer
FÜLLUNG:
50 g Butter
1 Zwiebel, fein gehackt
Peterli, fein gehackt
200 g Schweinsbäggli, in Würfel geschnitten
200 g Kalbfleisch (kleine Nuss), in Würfel geschnitten
200 g Kalbs- und Schweinsbrät, in Kügelchen, pochiert
1 dl Rotwein
80 g Rosinen, eingeweicht
100 g frische Champignons, in Scheiben
2 dl Rahm
100 g Kochäpfel, in Würfel geschnitten
Salz und Pfeffer

Zubereitung für die Sauce: Zwiebeln, Knoblauch und Zitronenschale in Butter glasig dünsten, Mehl beifügen und gut mischen. Mit Weisswein und Bouillon ablöschen und zu einer dicklichen Sauce rühren.

Würzen und etwa 20 Minuten kochen lassen.

Zubereitung für die Füllung: Zwiebeln in Butter glasig dämpfen. Kalb- und Schweinefleisch, Peterli und Champignons kurz mitdämpfen, mit Rotwein ablöschen. Die eingeweichten und abgetropften Rosinen und den Rahm beifügen und etwa 30 Minuten simmern lassen.

Die Sauce mit der Füllung, den Brätkügelchen und den Apfelwürfelchen mischen und abschmecken. Wenn nötig etwas einkochen lassen. Füllung in das vorgewärmte Pastetenhaus füllen und sofort servieren.

Beim Servieren werden aus dem Pastetenhaus Teigstücke herausgeschnitten und zusammen mit der Füllung auf den Teller gelegt.

SCHNITZ UND HÄRDÖPFEL

Wenn von Luzerner Spezialitäten gesprochen wird, darf Schnitz und Härdöpfel nicht fehlen. Im früheren Luzern war das sogar das Hochzeitsessen der ärmeren Leute. Und es schmeckt heute noch wunderbar. Nie werde ich den Geschmack der karamelisierten Birnen vergessen, wenn dieser Eintopf bei uns zu Hause auf den Tisch kam!

4 Esslöffel Zucker
750 g frische Birnen
1 kg Kartoffeln
Salz, Pfeffer
2 dl Rahm
4 Esslöffel Mehl

Zucker in einer hohen Pfanne schön braun rösten und mit Wasser ablöschen. Birnen schälen, in Schnitze teilen und das Kerngehäuse entfernen, im Zuckerwasser weich kochen. Unterdessen die Kartoffeln schälen, in Würfel schneiden und separat im Salzwasser weich kochen. Salzwasser abschütten und die Kartoffeln zu den Birnen geben. Mehl mit dem Rahm verrühren und in die Pfanne geben. Aufkochen, mit Salz oder Zucker, je nach Belieben, abschmecken.

LOZÄRNER CHÄSSUPPE

Für 4 Personen:
450 g Käse (Greyerzer, Sbrinz und Emmentaler)
Salz, Pfeffer, Muskatnuss
1 Liter Milch
2 grosse Zwiebeln, in Ringe geschnitten
4 Esslöffel eingesottene Butter
300 g altbackenes Brot

Brot und Käse fein scheiben und lagenweise in eine Schüssel füllen. Mit Salz, Pfeffer und Muskatnuss würzen. Milch aufkochen und darübergiessen. Über Nacht zugedeckt stehenlassen. Vor dem Kochen mit einer Gabel zerdrücken und zweimal rasch aufkochen. Zwiebelringe in Butter goldgelb backen. Die Suppe in Teller anrichten und die Zwiebelschwitze darüber verteilen. Nach Belieben Salzkartoffeln in die Suppe geben.

Im Restaurant «Galliker» werden zur Chässuppe Apfelzli serviert. Mit allen Zutaten ist die Chässuppe eine vollständige Mahlzeit.

Fischmarkt: Jeden Dienstag, Freitag und Samstag werden auf dem Fischmarkt unter der Egg frische Fische aus dem Vierwaldstättersee und Meeresfische aller Art angeboten.

Süsse Wassertürme: Luzerns Wahrzeichen, der achteckige Wasserturm, ist zum beliebten Mitbringsel geworden: aus Porzellan, gefüllt mit Pralinés, aus Kuchenteig, gespickt mit Mandeln, und aus Schokolade.

Luzerner Wein: Heidegger, Rosenauer, Hinterberger Herrenwein, Saffergarten, das sind einige der bekanntesten Luzerner Weine. Auf unserm Bild ist einer der jüngsten abgebildet, ein Weisser vom Schloss Meggerhorn.

Kafi Träsch: Hell muss er sein, mit wenig Kaffeepulver und viel Träsch, so lieben ihn die Luzerner.

Luzerner Riviera: Nicht nur Touristen wärmen sich auf den Steinen am Ufer des Vierwaldstättersees, auch Einheimische spazieren über Mittag mit ihrem Picknick dem See entlang.

Luzerner Käse: Jedermann kennt den «härtesten Innerschweizer», den Sbrinz. Einigermassen bekannt ist auch der Luzerner Rahmkäse. Doch wenige wissen, dass es noch den Weggiser und den Musegger gibt.

Gebranntes: Unerlässlich für den Kafi-Luz sind Träsch, Pflümli und Zwetschgenwasser. Für den Namen «Chatzenstrecker», wie die Luzerner von den Miteidgenossen nicht immer liebevoll genannt werden, gibt es zwei Versionen. Die fromme: Auf ihrer Wallfahrt nach Einsiedeln sollen die Luzerner die Abkürzung über den Katzenstrick genommen haben. Die grausame: Die Luzerner Söldner hätten Katzen gejagt, gestreckt und gegessen.

Abendstimmung mit Pilatus: Hat er einen Hut, so wird das Wetter gut. Hat er einen Kragen, so kann man es wagen. Hat er einen Degen, so gibt es Regen.» Diese Wetterprognose gibt der Luzerner Hausberg, der Pilatus.

Läbchueche: Der Luzerner Lebkuchen wird mit halbflüssigem Rahm oder mit «Anke» serviert.

FISCHMARKT

SÜSSE WASSERTÜRME

LUZERNER WEIN

KAFI TRÄSCH

LUZERNER RIVIERA

LUZERNER KÄSE

GEBRANNTES

ABENDSTIMMUNG MIT PILATUS

LÄBCHUECHE

Zeitung lesen durch den Kaffee Träsch

Dienstag, Donnerstag und Samstag ist Pot-au-feu-Tag im «Galliker». Die halbe Stadt weiss es und lässt sich dieses Festessen nicht entgehen. Ein ganz genaues Rezept können und wollen wir nicht geben, ein bisschen bleibt das auch Geheimnis des Hauses.

GALLIKER-EINTOPF

GALLIKER-EINTOPF

Im Galliker-Eintopf hat es Siedfleisch, Rindszunge, Wurst, Speck, Markbein, Wirsing, Kartoffeln, Karotten, Zwiebeln, Lauch, Sellerie und Markknochen, Lorbeer und Nelken.

Der Koch im «Galliker» kocht alle Zutaten separat. Das Rindfleisch ist von bester Qualität, und in der fertigen Rindfleischbrühe werden dann auch alle Zutaten zusammen nochmals aufgewärmt. Dazu werden drei verschiedene Saucen serviert: Sauce vinaigrette, Preiselbeersauce und Sauce mit Senffrüchten.

LOZÄRNER BIRREWÄGGE

Oft gab es bei uns Birrewägge mit Anke und Milchkaffee, ein Festessen!

TEIG:

300 g Mehl	
150 g Butter, kleingeschnitten	
2 Eier, Salz	

Zutaten in eine Schüssel geben und zu einem Teig verarbeiten. Eine Stunde ruhen lassen.

FÜLLUNG:

1 kg gedörrte Birnen	
300 g gedörrte Zwetschgen, entsteint	
100 g Feigen	
200 g Baumnüsse, gehackt	
100 g Rosinen	
150 g Zucker	
1 Esslöffel Zimt	
½ Teelöffel Sternanis	
2 Messerspitzen Nelkenpulver	
1 dl Träsch	
1 Eiweiss, 1 Eigelb	

Die gedörrten Früchte 12 Stunden in kaltem Wasser einweichen, danach eine halbe Stunde im Einweichwasser kochen. Die Zutaten durch den Fleischwolf drehen oder ganz fein hacken. Rosinen waschen. Zucker, Träsch, Nüsse und die Gewürze der Masse beifügen und gut mischen.

Teig zu einem Rechteck auswallen, Füllung etwa 1 cm dick auftragen. Ränder freilassen und auf die Füllung einschlagen. Den Teig zusammenrollen und ein flaches Rechteck formen. Die Enden schliessen und mit Eiweiss zusammenkleben. Oberfläche mit Eigelb bestreichen und mit einer Gabel mehrmals einstechen. 30 bis 40 Minuten im Backofen bei 180 °C backen. Auskühlen lassen und mit Butter servieren.

KAFI TRÄSCH

Durch einen richtigen Kafi Träsch muss man die Zeitung lesen können. Je nach Gegend oder verwendetem Schnaps heisst er Kafi fertig, Kafi Buffet, Kafi Schnaps, Kafi Zwätschge, Kafi Plümli. Nur in der «Fremde» bestellt man einen Kafi Luz.

Für 4 Personen:

5 dl Wasser	
2 Teelöffel Kaffeepulver	
Würfelzucker	
Träsch	

Kaffee mit dem Wasser zum Kochen bringen. Würfelzucker in die Gläser füllen, den heissen Kaffee darübergiessen. Nicht füllen, damit noch reichlich Träsch nachgegossen werden kann.

Im Restaurant «Galliker» sollten Sie «Kafi Blumenvase» versuchen. Mit welchem Schnaps das Glas aufgefüllt wird, hat uns Peter Galliker nicht verraten, auf alle Fälle wärmt die «Blumenvase» gewaltig.

Ässe in Lozärn

Natürlich können Sie in Luzern auch italienisch, chinesisch oder fast-food essen. Wir haben uns auf die Suche nach Restaurants gemacht, auf deren Speisekarten auch regionale Spezialitäten zu finden sind, und trafen für Sie eine kleine Auswahl.

«Galliker», Schützenstr. I: Dienstag, Donnerstag und Samstag gibt es Pot-au-feu.

«Rebstock», St.-Leodegar-Str. 3: In-Beiz mit Garten.

«Eichhof», Obergrundstr. 106: Hier finden Sie fast nur Luzerner. Ein Bijou: der Garten mit altem Baumbestand.

«Schiff», Unter der Egg 8: Gemütlich und preisgünstig.

«Old Swiss House», Löwenplatz 4: Traditionsreiches Haus mit grossem Angebot.

«Wilden Mann», Bahnhofstr. 30: In der Liedertafelstube tafeln Sie bei Kerzenlicht, in der Burgerstube mit Luzernern.

«Gambrinus», Am Mühlenplatz 12: Hübsch umgebaut ist das Haus in der Nähe der Spreuerbrücke.

Galliker-Stube: Seit 1856 ist das «Galliker» im Besitz der gleichen Familie. Das Personal kennt die meisten Gäste mit Namen, und Karl Fässler, der Küchenchef, kocht dreimal pro Woche den Eintopf wie vorher Peter Gallikers Mutter.

Wochenmarkt: Dienstag und Samstag reihen sich die Stände beidseits der Reuss. Hier trifft sich am Samstag «tout Lucerne». Und wenn gegen Mittag die Restaurateure ihre Tische wieder auf die Trottoires stellen, endet der Marktbummel für die meisten mit einem Apéro.

Old Swiss House: Familiär geführtes traditionelles Restaurant, mit antikem Interieur. Im Sommer trifft man hier wegen der Nähe des Löwendenkmals viele Touristen. Aber am Abend und im Winter geniessen vor allem die Einheimischen die einmalige Ambiance.

Brotbuffet: Jeden Samstag und Sonntag ab 7.30 Uhr bietet die «Bäckerstube» an der Rigistrasse ein reichhaltiges Brotbuffet an. Im gleichen Haus befindet sich die Fachschule Richemont des Schweizerischen Bäcker- und Konditorenmeister-Verbandes.

Frische Fische: Im Restaurant «zum Raben» werden täglich frische Fische aus dem Vierwaldstättersee angeboten. Der Weg vom Fischmarkt ist nicht weit, er liegt direkt unter dem Balkon des Restaurants.

Marianne Kaltenbach: Sie kochte zehn Jahre im «Raben». Wer könnte die regionale Küche besser pflegen als die Autorin von «Ächti Schwizer Chuchi». Sie gibt ihr Wissen in ihrer Kochschule weiter.

Am Quai: Eine Oase der Ruhe ist das beliebte Wienercafé im Grand Hotel National mit der wunderschönen Aussicht auf See und Pilatus.

Wilden Mann: Von Ortsansässigen wie von Touristen geschätzt wird die Burgerstube im «Wilden Mann». Hier wird gejasst und politisiert.

GALLIKER-STUBE

WOCHENMARKT

OLD SWISS HOUSE

BROTBUFFET

FRISCHE FISCHE

MARIANNE KALTENBACH

AM QUAI

WILDER MANN

Kalbsleber «Dolce brusco», Churer Fleischtorte, Pitta, Maluns, Conterser Bock (von links nach rechts)

FOTOS: LOTTI BEBIE   TEXT: VERENA THURNER

BÜNDNER HERRSCHAFT

Den «Garten Bündens» nannte der Dichter Rainer Maria Rilke die Bündner Herrschaft, die landschaftlich wie klimatisch bezaubernde Gegend mit dem Städtchen Maienfeld und den Dörfern Malans, Jenins und Fläsch. Sanft fallen die Rebhänge bis zum Rhein hinunter. Die liebliche Landschaft, das «Tor zu Graubünden», bietet ein herrschaftliches Bild mit ihren alten Schlössern (auf unserem Bild Schloss Bothmar in Malans). In der Vergangenheit übte Chur einigen Einfluss auf die Herrschaft aus, besass doch das Domkapitel zu Chur Weinberge und Kirchen in der Gegend. Auch in der Gegenwart kommt man nicht an Chur, genauer an Emil Pfister vom «Stern» in

Chur, vorbei. Denn die Neuentdeckung und Verbreitung der Bündner Küche ist ein Verdienst dieses Mannes. Vor mehr als 25 Jahren hat Emil Pfister (Bild) Rezepte ausgegraben, den Grossmüttern in die Töpfe geguckt, ausprobiert und verfeinert. Und heute stehen die Bündner Spezialitäten an erster Stelle im Hotel «Stern».

Tradition setzt sich in der Küche fort

Unsere überlieferten Rezepte aus dem Kanton Graubünden beziehen sich fast durchwegs auf das deutsche Kantonsgebiet. Denn so verschieden wie die Sprachen sind auch die Gerichte. Die Nusstorte gehört eindeutig ins Engadin, und die Gerstensuppe wird im ganzen Kanton gegessen. Aber auch die Küche, die in der Herrschaft und in Chur gepflegt wird, ist vielfältig, original und traditionell.

CAPUNS

(für 8 Personen als Vorspeise, für 4 Personen als Hauptgericht)

TEIG:

250 g Weissmehl

50 g Paniermehl

3 Eier

½ dl Milchwasser (halb Milch, halb Wasser)

wenig Salz, Pfeffer, Muskatnuss

2 Esslöffel gehackte Kräuter (Petersilie, Schnittlauch, Rosmarin, Thymian)

30 g Butter

1 Zwiebel, fein gehackt

100 g Schinken- oder Speckwürfel

2 Landjäger, in Würfel geschnitten

1 Salsiz, in Würfel geschnitten

1 Bündner Hauswurst, in Würfel geschnitten

24 Mangold- oder, wenn nicht erhältlich, 12 Kräuterstielblätter

½ l Bouillon

½ l Milch

100 g Sbrinz und Alpkäse, gerieben

50 g Butter

Aus Weissmehl, Paniermehl, Eiern, Milchwasser und den Gewürzen einen dicken Spätzliteig herstellen und die Kräuter beigeben. Die Zwiebel mit den Schinken- oder Speckwürfel in der Butter andünsten und mit Landjäger-, ½ Salsiz- und Hauswurstwürfeln zum Teig geben.

Die Mangold- oder Krautstielblätter in Salzwasser kurz überwellen und auf dem Tisch flach ausbreiten. Jedes Blatt mit einem Esslöffel Füllung belegen und einrollen. In der

CAPUNS

Milch und Bouillon auf dem Siedepunkt 15 Minuten ziehen lassen, herausnehmen. In eine Gratinform legen, mit Alpkäse bestreuen, mit Butterflokken belegen, mit dem Sud zur Hälfte auffüllen und im vorgeheizten Backofen (bei maximaler Oberhitze) 3 Minuten überbacken. Restliche Salsizwürfel darübergeben.

Emil Pfister vom «Stern» in Chur macht die Capuns wenn immer möglich mit Mangoldblättern.

KALBSLEBER «DOLCE BRUSCO» MIT POLENTA UND WEINSAUCE

Für 4 Personen:

4 Kalbsleberschnitten à 100 g

80 g Paniermehl, 80 g Öl

1 dl Rotweinsauce

ROTWEINSAUCE:

2,5 dl Rotwein (Veltliner)

wenig Zimtstengel

1 Nelke, 1 Lorbeerblatt

1 Teelöffel Zitronensaft

wenig Zitronenschale

80 g Johannisbeergelee

2,5 dl Demi-glace

Salz, Pfeffer

Kalbsleberschnitten mit Salz und Pfeffer würzen und im Paniermehl wenden. Öl in der Pfanne heiss werden lassen, Kalbsleberschnitten eine halbe Minute auf beiden Seiten braten. Auf der heissen Polenta anrichten und ½ dl Veltliner Sauce dazugeben. Rest der Sauce separat dazu servieren.

Sauce: 2,5 dl Veltliner auf die Hälfte reduzieren zusammen mit Gewürzen, Schale und Saft der Zitrone. Johannisbeergelee und Demi-glace dazugeben, nochmals 5 Minuten würzen und die Sauce passieren.

CHURER FLEISCH-TORTE NACH ART DES HOTEL «STERN»

Für 4 Personen:

GERIEBENER TEIG:

500 g Mehl, 150 g Butter

ca. 1,5 dl Wasser, Salz

FÜLLUNG:

250 g Kalbfleisch gehackt

250 g Schweinefleisch gehackt

1 Semmel in Milch eingeweicht

2 dl Rahm

0,5 dl Bündner Rotwein

½ KL Paprikapulver

1 EL Petersilie gehackt

1 EL Kräuter gehackt, Majoran, Thymian, Basilikum, Kerbel

1 Knoblauchzehe gepresst

100 g Zwiebeln fein geschnitten

50 g Butter

1 Ei, Salz, Pfeffer

Mehl mit der Butter von Hand verreiben bis sich beides gut verbunden hat. Anschliessend das Wasser und Salz beigeben und zu einem festen Teig kneten, ca. ein ½ Stunde an einem kühlen Ort ruhen lassen. Zwei Drittel des Teiges auswallen und ein bebuttertes Küchenblech (Ø 24 cm) damit auslegen.

Füllung: Zwiebeln in der Butter goldbraun anschwitzen und anschliessend kalt stellen.

Das gehackte Fleisch in eine Schüssel geben, die eingeweichte, zerkleinerte Semmel, Kräuter, die abgekühlten Zwiebeln und Gewürze dazu.

Den Rahm, das Ei und den Bündner Wein beigeben und alles gut mischen, eventuell nachwürzen.

Die Masse auf dem Teig gleichmässig verteilen.

Mit dem restlichen Teig den Deckel auswallen und die Torte damit verschlies-

Bündner Teller: Bündner Fleisch, hauchdünn geschnitten, Rohschinken, Speck und saure Gurken, dazu ein süffiger Wein aus der Gegend und gute Freunde am Tisch. Was will man mehr?

Fruchtbare Gegend: saftige Weiden, sanfte Rebhänge und im Hintergrund Jenins, das höchstgelegene Rebdorf der Bündner Herrschaft.

Rarität: Der Bündner Chardonnay ist eine viel gesuchte Rarität. Kaum eine handvoll Produzenten pflegen den traditionellen Anbau der Chardonnay-Traube in der Region. Besonders rar und dementsprechend teuer werden die Flaschen noch durch die Künstleretiketten. Für den Jahrgang 85 hat (links) der in Chur lebende Dea Murk gezeichnet, die 86er Etikette wurde von Robert Indermaur gestaltet.

Torkel: Die alten Weinpressen sind Anziehungspunkt für Einheimische und Besucher. Hier wird degustiert und gefeiert.

Geräuchertes: Vielfältig ist das Angebot an Geräuchertem bei Metzger Friedrich Möhr in Maienfeld. Nur die Würste — Winzerwürste, Maienfelder und Bündner Salsiz, Bauern- und Hauswürste — werden in Maienfeld getrocknet. Bündnerfleisch und Rohschinken werden in der würzigen Bergluft Mittelbündens luftgetrocknet. Der starke Föhn in Maienfeld würde das zarte Fleisch zuerst aussen, statt langsam von innen her trocknen.

Bündner Grappa: Ein Aristokrat aus der Bündner Herrschaft ist der im Eichenfass gereifte Grappa Speciale. Die meisten Kelterer bezeichnen ihn allerdings als Marc.

Kiwi aus Fläsch: Im Rebberg von Peter Hermann reifen die Kiwi. Vor acht Jahren hat er Kiwi angepflanzt, vor vier Jahren konnte er zum erstenmal ernten. 1600 Sonnenstunden pro Jahr benötigen die pelzigen Früchte für die Reifung.

Malanser Alpkäse: Neben dem Malanser fanden wir in der Milchzentrale von Malans Seewiser, Milchschafkäse, Halbgeisskäse und Bündner Bergkäse aus dem Lugnez.

BÜNDNER TELLER

FRUCHTBARE GEGEND

RARITÄT

TORKEL

GERÄUCHERTES

BÜNDNER GRAPPA

MALANSER ALPKÄSE

KIWI AUS FLÄSCH

Die Küche der Bauern unserer Zeit angepasst

sen. Mit einer Gabel Verzierungen anbringen und in der Mitte ein Loch von ca. 2 cm Durchmesser ausschneiden, damit beim Backen der Dampf abziehen kann. Die Torte mit einem verschlagenen Ei bestreichen und im Ofen bei 150 °C ca. 50 Min backen.

BIRNENPIZOKELS

BIRNENPIZOKELS

Für 4 Personen:

TEIG:

250 g Weissmehl

1 dl Milch, 0,5 dl Rahm

3 Eier, Salz

BIRNEN:

16 St. Dörrbirnen weichkochen mit:

2 dl Rotwein, 2 dl Wasser

100 g Zucker

½ Zimtstengel, 1–2 Nelken

1 Zitronen-Scheibe

FERTIGUNG:

50 g Butter

100 g Speckwürfeli

50 g Zwiebeln, fein gehackt

2 dl Bouillon

150 g Bündner Bergkäse

gerieben, Salz, Muskat

50 g Butter zum überschmelzen

Aus Mehl, Milch, Rahm, Eier und Salz einen Pizokelteig herstellen, ½ Stunde ruhen lassen. Den Teig in kleine Streifen vom Brett in kochendes Salzwasser schaben. Etwa 5 Minuten köcheln lassen und herausnehmen.

Zwiebeln und Speck in der Butter anschwitzen. Die in Rotwein und Wasser weichgekochten Birnen von den Stielen und Kerngehäusen trennen und in Stücke schneiden. Vier ganze Birnen zurückbehalten als Garnitur.

Die Birnenstücke dem Speck und den Zwiebeln beigeben. Die noch heissen Pizokels dazu und mit der Bouillon ablöschen. Mit Salz und Muskat würzen und den geriebenen Käse beimischen, auf Teller anrichten, mit heisser Butter überschmelzen und mit den flächeartig geschnittenen Birnen garnieren.

CONTERSER BOCK

Für 4 Personen:

4 bis 6 hartgekochte Eier

OMELETTEN-TEIG:

200 g Mehl, 3 Eier

2 dl Milch

1 Prise Salz

Fett zum Backen

ROTWEINSAUCE:

4 dl Rotwein (Beerli-Wii)

125 g Zucker, 2 dl Wasser

2 Nelken, 1 Zimtstengel

½ Zitrone, 1 Prise Salz

1 EL Kartoffelstärke zum Binden

Omeletten-Teig: Alles mischen und einen nicht zu flüssigen Teig herstellen.

Die gekochten Eier schälen und in den Teig tauchen. Das in Teig getauchte Ei im heissen Fett backen bis es Farbe genommen hat. Herausnehmen, wieder in den Teig tauchen und wieder im heissen Fett backen. So fortfahren bis das Ei die Form eines Apfels hat. Noch warm halbieren, und die warme Rotweinsauce à part servieren.

Sauce: Zutaten ausser dem Wein mischen und aufkochen. Den Wein beifügen, nochmals erhitzen, ohne kochen zu lassen. Die Sauce durchpassieren.

Esse i de Herrschaft und in Chur

Auf unserem Rundgang durch die Bündner Herrschaft sind uns folgende Restaurants aufgefallen:

«Zum Ochsen, Malans: Hier bekommt man Weine vom eigenen Rebberg und Franzosen zu sensationell günstigen Preisen, denn Thomas Donatsch ist vor allem Winzer. Aber hungrig muss man nicht vom «Ochsen» gehen. Heidi Donatsch kocht eine traumhaft schmackhafte Gerstensuppe.

«Krone», Malans: Auch in der «Krone» wird Wein aus dem eigenen Rebberg ausgeschenkt, und an den aus dem Jahre 1812 stammenden Schiefertischen setzt man sich für Bündner Spezialitäten zusammen.

«Zur Bündte», Jenins: Von der «Bündte» aus geniesst man die Aussicht auf die Rheinberge.

«Schloss Brandis», Maienfeld: Der mächtige Turm des «Schloss Brandis» erhebt sich majestätisch über dem Städtchen. Wer in historischer Umgebung tafeln will, ist hier gut beraten.

«Heidihof», Maienfeld: Wer auf den Spuren Heidis wandeln will, kommt am «Heidihof» nicht vorbei. Jeden Sonntag gibt es hier ein Alp-Öhi-Zmorge.

«Zur Mühle», Fläsch: Die Palette ist gross in der «Mühle». Hier wird Nouvelle cuisine zelebriert, man kann sich aber auch einen Salsiz bestellen.

«Landhaus», Fläsch: Ursi und Martin Hermann sind in der gemütlichen Stube für das Wohl der Gäste besorgt.

«Stern», Reichsgase 11, Chur: Emil Pfister hat im «Stern» ein rätisch-kulinarisches Zentrum geschaffen.

Maienfeld: Eingebettet in ein ausgedehntes Rebgebiet liegt Maienfeld, die grösste Rebbaugemeinde der Bündner Herrschaft. In aller Welt bekannt wurde Maienfeld durch Johanna Spyris Heidi. Aber nicht nur Reben reifen hier, im Garten von Schloss Salenegg gedeihen Zitronen, Feigen, Mandeln und Mispeln.

Hotel «Stern»: Neben der traditionellen Arvenstube kann man im «Stern» auch in verwunschenen Séparées mit Kellergewölben dinieren. Sehenswert ist auch die Carigiet-Bar. Alois Carigiet war ein guter Freund des Hauses, und so hängen zuhauf echte Carigiets an den Wänden.

Exzellente Küche: Nach dem Wahlspruch «Am Anfang jeder Kochkunst steht die Natur – eine Küche kann nicht besser sein als die Produkte, von der sie ausgeht» wird in der «Mühle» in Fläsch gekocht.

Beat Blum: Der junge Innerschweizer führt mit seiner Frau Marianne die «Mühle» in Fläsch. Gault-Millau hat die kreative Küche von Beat Blum bereits mit 15 Punkten honoriert.

«Landhaus», Fläsch: In der gemütlichen Stube im ersten Stock oder auf der sonnigen Garten-Terrasse vergisst man bei einem süffigen Fläscher gerne die Zeit. Eine kräftige Gerstensuppe und eine gemischte Bündnerplatte aus der Küche gibt den notwendigen «Boden».

«Krone», Malans: Die altehrwürdige Krone wurde erstmals im Jahre 1812 als Weinschenke erwähnt.

Henri Duc de Rohan: Der französische Adelige (1579–1638) brachte die Burgunder Rebe in die Bündner Herrschaft. Nun blickt er majestätisch von Jenins über die Rebberge.

Thomas Donatsch: Er kommt ins Schwärmen, wenn er von seinem in Bariques gelagerten Wein spricht, vergleicht den Wein mit einem Blumenstrauss, dessen Geschmack sich dauernd verändert. In seinem Keller lagern seltene Tropfen aus der Bündner Herrschaft, und in seiner Vinothek gehen jedem Weinliebhaber die Augen über vor soviel Köstlichkeiten.

MAIENFELD

HOTEL «STERN»

EXZELLENTE KÜCHE

BEAT BLUM

«LANDHAUS», FLÄSCH

«KRONE», MALANS

HENRI DUC DE ROHAN

THOMAS DONATSCH

95

SIERRE/SALGESCH

Reben, wohin das Auge reicht. Nicht nur rund um das Tour de Goubing (unser Bild), dem Wahrzeichen von Sierre, steht Stock an Stock, voll beladen mit den samtig angehauchten Früchten. Hügel und Hänge rund um Siders und Salgesch sind unübersehbar mit Rebstöcken bedeckt. Nicht von ungefähr ziert ein goldenstrahlender, flammender Sonnenstern das Wappen von Siders. Das Landstädtchen zählt zu den sonnenreichsten der Schweiz. Zugleich derb und doch lieblich wie die Landschaft ist auch die Walliser Küche. Das bäuerliche Trockenfleisch, die Hauswurst, der geräucherte Speck, das kräftige Brot und dazu ein Raclette aus zartschmelzendem Käse. Diese einfache Mahlzeit verteilt der Patron bei der Weinernte

an die Helfer und Helferinnen. Und bei Markus Constantin (Bild) in seinem «Hôtel du Rhône» in Salgesch ist sie genauso gefragt wie in den andern Restaurants der Umgebung. Wenn dann der Wirt an den Tisch kommt, um den Gästen «es Gsundheitli» zu machen, erfährt man in schönsten Walliser Dialekt Geschichten aus der Gegend.

Tradition auf einem einzigen Teller vereint

Als kleine Zwischenverpflegung oder als sättigende Hauptspeise, zu jeder Tageszeit bekommen Sie ihn, den beliebten Walliser Teller. Schinken, Magerspeck, Hauswurst und Rindfleisch, luftgetrocknet oder geräuchert, hauchdünn geschnitten, muss dabeisein. Begleitet wird das Fleisch von einheimischem Käse. Separat dazu werden Cornichons und Silberzwiebelchen serviert und natürlich Roggenbrot. Den abgebildeten Walliser Teller haben wir im «Hôtel du Rhône» in Salgesch gegessen, dazu hat uns Markus Constantin einen kühlen Johannisberger eingeschenkt.

Auf Bestellung bekommt man bei Markus Constantin auch typische Walliser Küche, wie zum Beispiel das Gsottna. Was

WALLISER TELLER

an getrocknetem Fleisch vorhanden ist, wird gesotten, Mengen je nach Zahl der Mitesser.

GSOTTUS

Trockenfleisch je nach Vorrat: Rindfleisch, Schaffleisch, Schweineschinken, Ziegenfleisch, Euter, Leber, Zunge, Speck, Hauswurst

Kabis oder Sauerkraut

Kohlrabi

Kartoffeln

getrocknete Birnen

Rind-, Schaf- und Ziegenfleisch in kaltem Wasser aufsetzen und etwa zwei Stunden köcheln lassen. Nach einer Stunde Schinken, Euter, Leber, Zunge und Speck dazugeben. Kartoffeln schälen und halbieren, Kabis und Kohlrabi in grosse Stücke schneiden. Diese Zutaten samt den Birnen eine halbe Stunde vor dem Servieren hinzufügen, die Wurst eine Viertelstunde später drauflegen.

APRIKOSENKUCHEN NACH WALLISER ART

250 g Mehl, 50 g Schweinefett

100 g Butter, 1 Prise Salz

4 Esslöffel Zucker, 2 Eier

1 kg Aprikosen

2 Esslöffel Zucker

1 Teelöffel Mehl

½ Teelöffel Zimt

Fett und Butter in kleinen Stücken zum Mehl geben, Salz und Zucker dazugeben. Bearbeiten, bis eine krümelige Mischung entsteht. Verklopfte Eier beigeben und zu einem Teig verarbeiten. Wenn nötig, wenig Wasser dazugeben. Den Teig zu einer Kugel

formen, eine Stunde ruhen lassen. Aprikosen halbieren und entsteinen. Teig etwa 3 mm auswallen. 1 Esslöffel Zucker, Mehl und Zimt mischen und über den Teigboden streuen. Ganz dicht mit halben Aprikosen belegen. Bei 230°C bis 40 Minuten backen. Nach halber Backzeit mit dem restlichen Zucker bestreuen.

Am besten schmeckt der Aprikosenkuchen warm.

ESCALOPE AGAUNOISE – WALLISER SCHNITZEL

4 Kalbsschnitzel, etwa à 150–180 g, hauchdünn geklopft

Salz, Pfeffer

2 Tomaten, fleischige Sorte

200 g gekochter Schinken, in 4 Scheiben geschnitten

200 g Raclette- oder Greyerzerkäse in 4 Scheiben

2 Eier, 2–3 Esslöffel Mehl

100 g Paniermehl

3 Esslöffel Butter

Kalbsschnitzel auf beiden Seiten salzen und pfeffern, Tomaten in 12 Scheiben schneiden. Je 3 Tomatenscheiben mit einer Käsescheibe in eine Schinkentranche wickeln, auf die eine Hälfte des Schnitzels legen, die andere Hälfte darüberschlagen, mit Zahnstochern zusammenstecken.

Eier in einem Teller verklopfen. Schnitzel zuerst von beiden Seiten in Mehl drücken, durch das Ei ziehen und das Paniermehl andrücken. Butter in der Pfanne schmelzen, Schnitzel bei mittlerer Hitze auf beiden Seiten 8–10 Minuten braten.

Die bekanntesten Walliser Weine

Fendant: trockener, fruchtiger Weisswein von Gutedel (Chasselas).

Johannisberg: blumiger, feiner Weisswein von Sylvaner.

Dôle: runder, harmonischer Rotwein von Pinot Noir und Gamay.

Pinot Noir: feuriger, wuchtiger Rotwein von Pinot Noir (Blauburgunder).

Malvoisie: berauschender (Pinot gris) Dessertwein von natürlicher Süsse. Farbenart des Blauburgunders.

Muscat: markiger, moschusartiger Weisswein.

Dôle blanche: aus roten Trauben entstandener Weisswein. Das Vorherrschen des Pinot Noir verleiht ihm seine Rasse.

Ermitage: samtiger Weisswein aus der Rebsorte Marsanne blanche.

Amigne: zarter, stoffreicher Wein mit feiner Blume.

Arvine: kräftiger, viriler Weisswein.

«Hôtel du Rhône»: Im rustikalen Teil des Restaurants, im Carnotzet, wie diese Stuben im Wallis genannt werden, servieren Markus und Dorly Constantin Walliser Spezialitäten.

Walliser Brot: Arbeitsbeginn für Alcide Epiney in Vissoie (Val d'Anniviers) ist bereits um 23 Uhr nachts, denn allein das Walliser Brot braucht Zeit, viel Zeit, bis es fertig aus dem Ofen kommt. Wenn der Teig geknetet ist, muss er anschliessend vier Stunden ruhen. Zwei Stunden beträgt die Backzeit, und spätestens um 7 Uhr in der Früh wollen die Bewohner von Sierre ihre frischen Croissants.

Château de Ravire: Majestätisch erhebt sich Schloss Ravire zwischen Siders und Salgesch.

Raclette-Käse: Vier bis fünfeinhalb Kilo wiegen die Laibe im Keller der Central laitière du Val d'Anniviers. Drei Monate brauchen sie für die Reifung. Stirbt im Val d'Anniviers ein Einwohner, so wird der erste Käse, den der Verstorbene selber produziert hat – auch wenn der Käse 50jährig ist – und ein junger Käse gegessen. Dazu trinkt die Trauergesellschaft einen alten Wein, den ebenfalls der Verstorbene gekeltert hat, und einen Wein vom vergangenen Jahr. Einen 50jährigen Raclette-Käse könne man ohne weiteres noch essen, versicherte uns ein Einheimischer. Schmecken tue er dann wie Parmesan.

Arbeit im Weinberg: Charly Zuber unterhält den Weinberg vom Tour de Goubing. Er schneidet die Schossspitzen zurück, die den Stickel überragen.

Williamsbirne: Nicht alle Williamsbirnen gehen den Weg in die Flasche. Der Brauch, die Flasche an den Baum zu hängen, wird nur noch sehr selten gepflegt. Heute wird die Birne durch den noch offenen Boden einer Flasche geschoben.

Château Muzot: Im Turm des Schlösschen Muzot wohnte Rainer Maria Rilke von 1921 an bis zu seinem Tod (1926). «In dieser Gegend fand ich Spanien und die Provence in einer wunderlichen Mischung vereint», schrieb Rilke über die Gegend.

«La Grotte»: Abendstimmung am Lac de Géronde. In der gemütlichen Gartenbeiz geniessen die Einheimischen ihren Aperitif, einen kühlen Weissen aus den nahen Rebhängen.

«HOTEL DU RHONE»

WALLISER BROT

CHATEAU DE RAVIRE

RACLETTE-KÄSE

ARBEIT IM WEINBERG

WILLIAMSBIRNE

CHATEAU MUZOT

«LA GROTTE»

22jährige Tradition des Restaurants Rhône

Spezialität des Hauses ist nicht eigentlich ein Walliser Gericht. Aber dadurch, dass Dorly Constantin ihre Gäste schon 22 Jahre damit verwöhnt, sind sie auch schon zu einer Salgescher Spezialität geworden, die flambierten Kalbsfilets.

KALBSFILET

Die ungefähr fünf Zentimeter dicken Kalbsfilets werden nur kurz in einer Grillpfanne gebraten. Dann werden sie mit Cognac und Porto flambiert, auf die Seite gestellt und warmgehalten. Die Sauce wird mit Senf, Paprika, Zitrone, Worcester, Tabasco, Ketchup, Demiglace, Rahm und Eierschwämmchen abgeschmeckt.

RACLETTE

Zu einer Raclette braucht es wohl kein Rezept, ist sie doch die einfachste Speise, die man sich überhaupt vorstellen kann. Nur eines muss stimmen, der Käse. Fast überall gibt es Raclettekäse, aber nur der würzige

HAUSSPEZIALITÄT: FLAMBIERTE KALBSFILETS

Walliser macht eine Raclette zum Fest. Der Walliser Käse schmilzt und sondert dabei Fett ab, das man mit der Kartoffel auftunkt. Raclettekäse aus Frankreich oder Italien enthält zuviel Eiweiss und zuwenig Fett. Er schmilzt nicht, sondern bekommt eine Kruste. Ein spezialisierter Käsehändler wird Ihnen aber den richtigen Käse verkaufen.

Die beste Raclette bekommen Sie vom Holzfeuer, der Käse nimmt den Geschmack des Holzes auf. Aber nicht jedermann kann im Freien ein Feuer anzünden, um an der Glut

seine Raclette zuzubereiten. Aber heute gibt es ja, Gott sei Dank, Raclette-Öfen und sonstige -Geräte.

Was wird zu Raclette getrunken? Natürlich ein kühler Weisser aus dem Wallis. Am besten schmeckt Fendant oder Johannisberger, beides ausgezeichnete Weine ohne Süsse und kräftiges Bouquet.

WALLISER KARTOFFELTOPF

| 1 kg Kartoffeln |
| 400 g Raclettekäse |
| 4 Knoblauchzehen |
| Salz, Pfeffer |
| 1 Liter Milch |
| 50 g Butter |

Eine feuerfeste Form mit Butter ausstreichen. Die geschälten Kartoffeln ganz dünn scheibeln. Kartoffeln in vier Portionen aufteilen, Käse in drei. Eine Portion Kartoffeln in die Form legen und mit einer Portion Käse belegen, mit dem durchgepressten Knoblauch, Salz und Pfeffer würzen. Dasselbe zweimal wiederholen, zuoberst eine Lage Kartoffeln, nochmals salzen und pfeffern. Butterflocken auflegen. Milch langsam in die Form giessen, bis 1 cm unter der Oberfläche. In den auf mittlerer Hitze vorgeheizten Backofen schieben. So lange backen, bis die Kartoffeln die Milch aufgesaugt haben und gar sind (etwa 2 Stunden).

Sofort servieren. Tortenförmige Stücke ausstechen.

Ässe in Sierre und Salgesch

«La Grotte», Lac de Géronde, Sierre: Zu den ausgezeichneten Fischgerichten kredenzt Reinhold Freudiger Wein von nicht weniger als 18 Weinbauern aus der Gegend. Und seine Mousse au chocolat (R. Freudiger: «Die beste Europas!») schmilzt buchstäblich auf der Zunge.

Hotel «Atlantic», Route de Sion 38, Sierre: Das «Atlantic» ist berühmt für seine zartschmelzenden Käseschnitten.

«Relais du Château de Villa», Sierre: Im «Château» werden nur Walliser Spezialitäten serviert wie Trockenfleisch, Poteé valaisanne, Fondue und Raclette.

«Caveau Rocher», Corin sur Sierre: Zum saftigen Walliser Schnitzel empfehlen wir Wein von den Rebhängen von Corin, zum Dessert ein Compote d'abricot.

Restaurant «Zur Sonne», Salgesch: Seit sechs Jahren verwöhnt Jean-Jacques Colas seine Gäste mit einer exzellenten französischen Küche. Und natürlich degustiert man hier Wein von den umliegenden Rebhängen.

Restaurant «des Alpes», Niouc sur Sierre: Wenn Sie einen unbändigen Hunger auf Fleisch haben, sind Sie bei Hans und Annette Wellinger richtig.

Walliser Weine: Die vier Hauptsorten des Walliser Weins; die Weissen Fendant und Johannisberg, die Roten Dôle – wird mit zunehmendem Alter besser, kann aber auch jung getrunken werden – und Pinot Noir. Der Pinot Noir ist der wuchtigste Wein im Wallis. Er kann jung getrunken werden, das Alter verleiht ihm aber Adel und Vornehmheit.

Rebberg-Mosaik: Blick auf das Rebgebiet oberhalb von Salgesch, der Hochburg des Pinot Noir.

Caves Falcon: Die kleine Kellerei in der Industriezone von Sierre lagert ihre Weine in glänzenden Inox-Tanks.

Hoirie Mathier-Küchler (Vins des Chevaliers): Bis zu 14 000 Liter werden in diesen riesigen Tanks gelagert. Der Familienbetrieb Mathier-Küchler vinifiziert in Salgesch ungefähr zwei Drittel Rot- und ein Drittel Weissweine. Mit dem Jahrgang 88 wurden zum erstenmal Grand-Cru-Weine aus Salgesch geliefert.

Caves Imesch: 80 Prozent ihrer Weine verkauft die Firma Imesch, eine der ältesten in Sierre, in die Deutschschweiz. Die Roten vom Hause Imesch werden noch immer in Holzfässern vinifiziert.

Gebr. Mathier: Bei den Gebrüdern Mathier in vieux Salquenen ist der Keller schwarzschweiss gekachelt. 120 Weintraubenlieferanten füllen die Tanks mit ihrem köstlichen Nass. Die Familie besitzt neben den eigenen Weinreben auch ein Weingut beim Schloss Ravivre in Sierre.

«Château de Villa»: Hier kann man nicht nur ausgezeichnet essen, das Relais ist auch Propagandazentrum für selektionierte Walliser Weine und dadurch Degustationsort der Experten. Hier können sie zum Beispiel unter 30 Fendants wählen.

Degustation: Die Katze wird nicht im Sack gekauft. Zuerst wird ausgiebig probiert, wie hier bei den Gebrüdern Mathier in Salgesch.

Raclette à discretion wird im «Château de Villa» angeboten. Sie brauchen ja nicht gleich zu übertreiben wie zum Beispiel Victor Hugo. Er hat es auf 15 Raclettes gebracht.

Lac de Géronde: Einem frühen Irrlauf der Rhone verdanken die Einwohner von Siders den Lac de Géronde.

WALLISER WEINE

REBBERG-MOSAIK

CAVES FALCON

MATHIER-KÜCHLER

«CHATEAU DE VILLA»

CAVES IMESCH

GEBR. MATHIER

DEGUSTATION

RACLETTE

LAC DE GERONDE

101

Fricassée de porc genevoise, dazu einen kühlen Perlan.

FOTOS: LOTTI BEBIE TEXT: VERENA THURNER-MACKERT

GENÈVE

Wenn es Nacht wird in Genf, präsentieren sich die eleganten Bauten am Quai Général-Guisan nicht mehr so genferisch-kühl wie bei Tageslicht. Leuchtreklamen mit berühmten Uhrennamen wie Patek Philippe, Vacheron et Constantin lassen die Gebäude in warmem Licht erscheinen. Genf, die Vielseitige: Seit vierhundert Jahren Zentrum des Calvinismus; seit vierzig Jahren das europäische Zentrum der Vereinten Nationen; jedes Jahr für zehn Tage Zentrum des Automobils. Seit Calvins Lehre von der Gottgefälligkeit geschäftlichen Erfolgs fühlt sich auch die erdölschwere Hochfinanz in Genf zu Hause. Trotz dieser Internationalität ist sich der Genfer treu geblieben.

Stendhal charakterisierte die Bewohner Genfs in seinen «Memoiren eines Touristen» als «ländlich». Ländlich sind denn auch die typischen Genfer Gerichte. Die französische Köchin Françoise Piron (Bild) pflegt in der Brasserie «La Genevoise» die Küche ihrer Wahlheimat: Fricassée de porc genevoise, Sabodet servi tiède à la vigneronne, Filets de perche du lac.

Gepflegte Küche mit ländlichem Ursprung

«C'est très simple», das könnte schon fast ein Motto von Françoise Piron sein. Wahrscheinlich ist die Einfachheit auch das Geheimnis ihrer Küche. Als Schülerin der weltberühmten Frères Troisgros im französischen Roanne hat Françoise die Küche von der Pike auf gelernt. In einer französischen Zeitung war sogar zu lesen, dass das Gespann Troisgros/Piron zusammenpasst hätte wie Sauternes und Foie-gras, also eine unübertreffliche Kombination.

Françoise sieht sehr wohl einen Unterschied zwischen der Küche eines Mannes und der einer Frau. «Zunächst pflegt jeder seine ganz persönliche Küche. Und so kann es nicht ausbleiben, dass die Küche einer Frau vielleicht doch weiblicher, sinnlicher ist.» Bereits in ihrem eigenen Restaurant in den Ardennen pflegte sie die «cuisine du terroir», die Küche der Gegend, ihrer Heimat. So hält sie es auch in Genf. Nirgends stehen so viele ty-

FILETS DE PERCHES DU LAC

pische Gerichte auf der Karte wie in ihrer «Brasserie Genevoise». Verfeinert durch Françoise Piron – und doch spürt man den ländlichen Ursprung heraus. C'est si simple!

FILETS DE PERCHES DU LAC – BARSCHFILETS AUS DEM GENFERSEE

800 g Eglifilets	
3 Esslöffel Butter, Salz, Pfeffer	
2 Schalotten, gehackt	
1 Esslöffel Estragon	
1 Esslöffel rote Paprikawürfelchen	
1 dl Weisswein, 2 dl Rahm	

Die Eglifilets in Butter anbraten, mit Salz und Pfeffer würzen und auf eine vorgewärmte Platte oder auf die Teller anrichten. Schalotten, Butter, Estragon und Paprikawürfelchen in den Bratenfond geben und eine Minute dünsten. Mit Wein ablöschen. Die Flüssigkeit auf 2 Esslöffel einreduzieren, Rahm zugeben und weiterkochen lassen, bis die Sauce sämig ist. Mit Salz und Pfeffer abschmecken. Die Sauce über die Filets geben und sofort servieren.

OMBLES CHEVALIER – SAIBLINGE NACH GENFER ART

50 g Butter	
2 Schalotten, fein gehackt	
1 Esslöffel gehackter Peterli und Estragon	
1 Bund Schnittlauch, fein geschnitten	
4 Ombles chevalier (oder andere Saiblinge)	
Saft einer halben Zitrone	
Salz, Pfeffer aus der Mühle	
2 dl Weisswein	
SAUCE:	
Fischsud, der sich vom Pochieren ergibt	
2,5 dl Rahm	
0,5 dl Weisswein	
Salz, Pfeffer	

Die Ombles chevalier innen mit Salz und Pfeffer würzen, einige Kräuter in den Bauch legen. Die Schalotten in Butter hellgelb dünsten, die gehackten Kräuter beigeben und die Fische auf das Schalottenbett legen. Mit dem Weisswein und Zitronensaft ablöschen und zuge-

Sortir à Genève

La Brasserie Genevoise, 27, Boulevard Helvétique: «Cuisine terroir» – Regionalküche, französisch angehaucht durch Françoise Piron.

Brasserie Lipp, Confédération Centre: Die Speisekarte ist sehr pariserisch, die Weinauswahl erstaunlich vielfältig, die Preise sind nicht allzu hoch.

Brasserie Hollandaise, 3, place de la Poste: Auf der grossen Karte findet man auch Regionalgerichte.

Café-Restaurant Chez Leon, 12, rue Pierre-Fatio: Hier trifft sich die Möchtegern-Jeneusse-dorée von Genf.

Café du Centre, 5, place du Molard: Neben dem

grossen Angebot an Meerfrüchten findet der Gast auch typisch Genferisches.

Chez les ploucs, 5, rue de la Navigation: Hier sitzt man Ellbogen an Ellbogen mit den Tischnachbarn. Die Portionen sind gewaltig, die Preise sensationell tief.

Les Armures, 1, rue du Puits-Saint-Pierre: Neben verschiedenen Fondues werden hier vor allem von Lyon inspirierte Gerichte angeboten. Schmackhaftes Beispiel: Tête de veau Lyonnaise (Kalbskopf).

Le Béarn, 4, quai de la Poste: Nicht nur eines der elegantesten Restaurants von Genf, sondern auch eines der besten.

«Brasserie La Genevoise»: Die gemütliche Brasserie, aus der unsere Rezepte stammen, ist in zwei Räume unterteilt. In den vorderen Teil kommen die Arbeiter für ein Gläschen weissen Perlan, im hinteren Teil wird an weissgedeckten Tischen getafelt.

Jet d'Eau: Der fast hundertjährige Springbrunnen, das Wahrzeichen Genfs, schiesst das Seewasser bis zu 145 Meter in die Höhe – aber nur in der warmen Jahreszeit.

Cité de Refuge: Genf war schon immer stolz darauf, Fremde aufzunehmen. Das Relief an der Place du Molard zeigt eine Dame, die ihre Linke schützend über einen Mann hält. Die Züge des Mannes erinnern an Lenin, der – damals noch Wladimir Iljitsch Uljanow – zwischen 1895 und 1908 lange als Emigrant in Genf wohnte.

«Chez les ploucs»: «Bei den Halbschuhen» oder «Bei den Ruechen» in der nicht unbedingt vornehmsten Gegend von Genf sitzt man an langen Tischen und geniesst das vorzügliche Essen zu unwahrscheinlich niedrigen Preisen (unter 10 Franken!). Bestellen Sie um Gottes willen nicht das «menu normal»; das «petit menu» ist schon kaum zu bewältigen. Die Suppe, aus dem Topf serviert, ist für alle Menüs die gleiche.

«Le Béarn»: Für stilvolle Diners ist das «Béarn» genau das richtige. Das kleine, im Empirestil eingerichtete Restaurant ist etwas vom Besten in Genf (18 Punkte im «Guide Gault/Millau»).

«Café du Centre»: An der Place du Molard finden Sie das Restaurant mit dem grössten Meerfrüchteangebot der Stadt. Bis Mitternacht werden hier Muscheln geputzt, Austern geöffnet und alles appetitlich arrangiert.

Genf international: Zusätzlich zur Uno (unser Bild: Eingang des Hauptgebäudes) haben sich in Genf über 180 internationale Organisationen, an ihrer Spitze das Rote Kreuz, niedergelassen.

«Brasserie Lipp»: Die Schwester der gleichnamigen Brasserie in Paris hat ihr Vorbild bereits überflügelt. Sehr zu empfehlen ist der Pot-au-feu riche.

«BRASSERIE GENEVOISE»

JET D'EAU

CITÉ DE REFUGE

«CHEZ LES PLOUCS»

«LE BÉARN»

«CAFÉ DU CENTRE»

GENF INTERNATIONAL

«BRASSERIE LIPP»

Die Genfer lieben ihre typischen Wurstgerichte

deckt auf kleinem Feuer etwa 8 Minuten pochieren. Die Saiblinge warm halten und die Sauce einreduzieren. Mit Salz und Pfeffer würzen, Rahm und Weisswein dazugeben, nochmals einreduzieren lassen und noch heiss über die Ombles chevalier geben. Dazu serviert Françoise Kartoffeln.

FRICASSEE DE PORC GENEVOISE – SCHWEINSVORESSEN NACH GENFER ART

800 g Schweinsvoressen (vom Nacken)
1 Schweinsfüsschen, halbiert
MARINADE:
2 Rüebli, 1 kleiner Sellerie
2 Zwiebeln
2 Knoblauchzehen
1 grosses Lorbeerblatt
2 Zweiglein Thymian
1 Nelke, 2 Petersilienstengel
5 Pfefferkörner
wenig Majoran
1 Flasche Gamay (Genfer Rotwein)
SAUCE:
2 Esslöffel Butter
2 Esslöffel Mehl
1,5 dl Rahm
1 dl Schweineblut

Das in kleine Würfel geschnittene Gemüse mit dem Fleisch und den übrigen Zutaten der Marinade in eine Schüssel geben und mit dem Gamay bedecken. Zwei bis drei Tage im Kühlschrank zugedeckt stehen lassen. Hie und da wenden. Das Fleisch und das Füsschen aus der Marinade nehmen, abtropfen lassen und in der Butter anbraten. Mit Mehl bestäuben und kurz weiterbraten. Die Marinade aufkochen und um ein Drittel reduzieren. Zum Fleisch passieren.

Zugedeckt im auf 170 °C vorgeheizten Backofen 1½ Stunden schmoren lassen. Das Fleisch aus der Sauce nehmen und warm stellen. Auf dem Herd die Sauce nochmals einkochen, Rahm zufügen und eindikken lassen. Die Kasserolle vom Herd nehmen und das

SABODET SERVI TIEDE A LA VIGNERONNE

Schweineblut dazugeben, nicht mehr kochen. Die Sauce über das Fleisch geben und sofort servieren.

Am besten schmeckt dazu Kartoffelstock.

GRATIN DE CARDONS

1 kg Cardons
30 g Butter, 1 Esslöffel Milch
2,5 dl Mehl
1 dl Rahm
50 g geraffelter Gruyère
Zitronensaft
Salz, Pfeffer aus der Mühle

Blätter und Stacheln der Cardons entfernen, mit einem Tuch abreiben, damit die pelzige Schicht entfernt wird. Die Storzen in Abschnitte schneiden und nach und nach in Zitronenwasser legen, damit sie nicht schwarz werden. In gesalzenem Zitronenwasser 30 Minuten kochen. Mit Butter, Mehl und Milch eine Bechamelsauce vorbereiten. Salzen und pfeffern, Käse und Rahm beifügen.

Cardons abtropfen lassen und in eine gebutterte Gratinplatte geben. Mit der Bechamelsauce überziehen und mit Butterflocken und wenig geriebenem Käse bestreuen. Im vorgeheizten Backofen bei 250 °C etwa 15 Minuten gratinieren.

Cardon, auch Kardy genannt, bekommt man vor allem in der Westschweiz. Frischer Cardon ist dort auch oft Teil des weihnachtlichen Festessens. Die Stengel des Cardon werden, bevor sie auf den

Markt kommen, gebleicht, meist in einem dunklen Raum. Cardon kann auch nach traditionellen Rezepten für Schwarzwurzeln, Spargeln oder Stangensellerie zubereitet werden.

SABODET SERVI TIEDE A LA VIGNERONNE – SABODET LAUWARM SERVIERT NACH WINZERINNENART

1 Sabodet
20 g Butter
3–4 Schalotten, gehackt
3 dl Rotwein
Peterli, Thymian und Lorbeerblatt
Salz, Pfeffer aus der Mühle

Die Sabodet im warmen Wasser etwa 10 bis 12 Minuten ziehen lassen. Inzwischen die Schalotten in der Butter dünsten, die gehackten Kräuter dazugeben, mit Rotwein (1 dl) ablöschen. Einreduzieren, bis nur noch etwa ein Esslöffel Flüssigkeit vorhanden ist. Die Reduktion durch ein Sieb passieren. Mit der Reduktion und dem restlichen Rotwein eine Sauce zubereiten, Butter darunterziehen und die Sauce zu der aufgeschnittenen Sabodet servieren.

Sabodet ist wie die Longeole eine Genfer Wurst. Sie ist feiner als die Longeole, die mit viel Speckschwarte durchsetzt ist, und die Füllung ist mit Pistazien angereichert. Schmeckt ausgezeichnet zusammen mit Rösti.

Brückenstadt: Sechs Brücken überspannen die Rhone im Stadtgebiet bis zur Einmündung der Arve. Die wichtigste ist die Pont du Mont-Blanc, über die sich der Hauptverkehr wälzt. Bis zu 100 000 Fahrzeuge überqueren die Brücke täglich und machen sie damit zu einem der verkehrsreichsten Strassenstücke der Welt.

Markttag: Am Mittwoch und Samstag werden auf dem Boulevard Helvétique Landesprodukte angeboten. Wer es vorzieht, in der Wärme einzukaufen, kann das gleich daneben in Les Halles tun.

Arbeit im Weinberg: Das ganze Jahr über gibt es Arbeit für den Winzer. Die Stöcke müssen vor dem Ende des Winters geschnitten werden.

Genfer Weine: Gamay und Perlan sind die populärsten Genfer Weine. Nach Wallis und Waadtland ist der Kanton Genf – nach Zug der zweitkleinste der Schweiz – mit seinen 1192 Hektaren Anbaufläche der drittgrösste Weinkanton unseres Landes.

Longeoles: Die Longeole ist eine typische Genfer Wurst, und die Genfer sind mächtig stolz auf sie. Dem Wurstfleisch wird ziemlich viel Speckschwarte beigemischt. Ein Gläschen Perlan schmeckt vorzüglich zu dieser ländlichen Wurst.

Grande Boucherie: paradiesisch ist das Angebot in der Grande Boucherie du Molard an der Rue du Marché. Hier wird das Einkaufen zum ästhetischen Vergnügen.

Chocolaterie Rohr: An der Place du Molard findet man den «Sprüngli» von Genf. Die Touristen decken sich eher in der Chocolaterie du Rhône ein; die Genfer aber schwören auf Rohr.

Cardon: Auf dem Feld und in den Gärten fallen die Cardons, bei uns auch Kardy genannt, durch ihre schönen grossen Blätter auf. Essen kann man nur die weissen Rippen. Nach der Ernte wird der Cardon an einem dunklen Ort gebleicht. Cardon ist ein schmackhaftes Gemüse, das reich an Mineral- und Gerbstoffen ist. Man vermutet, dass Cardon die Stammform der Artischocke ist.

BRÜCKENSTADT

MARKTTAG

ARBEIT IM WEINBERG

GENFER WEINE

LONGEOLES

GRANDE BOUCHERIE

CHOCOLATERIE ROHR

CARDON

107

Eine Wurst vom Grill
gibt's an jeder Ecke. Wer jedoch
lieber einkehrt, findet Gaststätten jeder Art. Vom Alternativ-
beizli bis zum «Gourmet-Tempel» –
St. Gallen hat's.

FOTOS: HANSJÖRG VOLKART   TEXT: MADELEINE KRESSEBUCH

ST. GALLEN

St. Gallen ist eine Reise wert: Die lebensfrohe, wohlhabende Textilstadt in der Ostschweiz hat dem Besucher einiges zu bieten. Die schöne, intakte Altstadt, das Klosterviertel mit der prachtvollen Barockkathedrale und der weltberühmten Stiftsbibliothek oder die idyllischen Weiher von Dreilinden, wo sich im Sommer alt und jung zum Bade treffen. Kulinarische Spezialität Nummer eins von St. Gallen ist die Bratwurst – dicht gefolgt vom Schübling. Die Olma, das Kinderfest oder ein Einkaufsbummel wären ohne sie nicht denkbar. Nicht vorstellen könnte man sich auch ein St. Gallen ohne die urgemütlichen I.-Stock-Beizli wie etwa das «Bäumli», das seit vielen Jahren von der Wirtin Elsbeth Schalch (Bild) geführt wird. In der

winzigen Küche, zwischen Gaststube und Säli werden die von den Gästen so geschätzten, traditionellen Hausgerichte wie Kutteln mit Käse und Kümmel oder die rundum knusprige Butterrösti zubereitet.

Während der Olma ist St. Gallen ein Festplatz

«Lieber e gueti Woorscht als en schlechte Herdöpfel...», lautet das kulinarische Motto der St. Galler – zu Recht, denn die St. Galler Bratwürste sind etwas Besonderes, schon vom Format her. Es gibt davon drei Grössen: die normale St. Galler Bratwurst (wiegt etwa 115 g), die Olma-Bratwurst (165 g) und die riesige Kinderfestbratwurst (etwa 230 g). Aber auch von der Qualität her unterscheidet sich die St. Galler Bratwurst von den Allerweltsbratwürsten: Sie enthält wesentlich weniger Fett. Dafür bürgt die alteingesessene Metzgerzunft, die bereits im Jahr 1438 schriftlich festgelegt hat, was in die Wurst gehört und was nicht. So scheint es auch kaum übertrieben, wenn die St. Galler ihre Kalbsbratwurst als ein Stück Kulturgut bezeichnen – ein Stück Kulturgut, das klassischerweise mit einem Bürli – und ohne Senf (!) – genossen wird.

Nicht nur Bratwürste und linge sind traditionelle St. Galler Spezialitäten, sondern auch die Biber. Die gefüllten kauft man am besten in einer der darauf spezialisierten Konditoreien, zum Beispiel beim Roggwiller oder während der Olma an einem Stand. Die ungefüllten Biber lassen sich leicht zu Hause backen. Hier das Rezept.

BRAUNE BIBER

500 g Honig	
125 g Zucker	
1 Zitrone, abgeriebene Schale	
1 Teelöffel Zimt	
2 Messerspitzen Muskat	
2 Messerspitzen Nelkenpulver	
650 g Mehl	
3 Esslöffel Rosenwasser	
5 g Pottasche	

Den Honig unter Zugabe von Zucker, Zitronenschale, Zimt, Nelken- und Muskatpulver aufkochen, nach und nach, unter beständigem Rühren, das gesiebte Mehl beifügen.

OLMA-BRATWURST MIT BÜRLI

Die Pottasche im Rosenwasser auflösen und der Masse beigeben. Jetzt den Teig herausnehmen, auf einem bemehlten Brett kneten und etwa 1 cm dick auswallen. Den Teig in Vierecke schneiden, über Nacht auf einem mit Mehl bestäubten Blech trocknen lassen, dann auf einem eingefetteten Blech bei mittlerer Hitze backen.

Noch warm mit zu dicklichem Sirup eingekochtem Zuckerwasser bepinseln.

ST. GALLER HACKBRATEN

500 g Hackfleisch	
200 g Bratwurstbrät	
1 Bund Peterli, gehackt	
1 Zwiebel, gehackt	
Salz, Pfeffer, Muskat	
Majoran und Thymian	
1 Rüebli, 1 besteckte Zwiebel	
1 Glas Weisswein	
Evtl. etwas Bouillon	

Gehacktes und Brät, Kräuter, Gewürze und Zwiebel vermischen und zu einem Braten formen. In heissem Fett rundherum anbraten, mit dem Weisswein ablöschen. Rüebli und Zwiebel zufügen. Zugedeckt etwa eine Stunde schmoren lassen. Bouillon nachgiessen.

SAMMETSUPPE

7 dl Bouillon, 1 dl Milch	
20 g Mehl	
1 dl Vollrahm, 2 Eigelb	
Salz, Muskatnuss	
frische Kräuter, gehackt	

Die Bouillon aufkochen und mit dem in der Milch angerührten Mehl binden.

In einer Suppenschüssel die Eigelbe mit dem Rahm tüchtig verrühren und anschliessend unter ständigem Rühren die heisse Bouillon dazugeben. Abschmecken mit Muskat und Salz, zum Schluss die gehackten Kräuter beigeben.

ST. GALLER KLOSTERTORTE

Das Kloster hat zweifellos einen massgeblichen Einfluss auf die Entwicklung der Stadt und möglicherweise auch auf den Speisezettel der Bewohner. Ob jemals ein St. Galler Mönch ein Stück Klostertorte zwischen die Zähne bekommen hat, ist allerdings fraglich.

150 g Butter	
100 g Zucker	
100 g Mandeln, gerieben	
2 Esslöffel Kakao	
1 Teelöffel Zimt	
½ dl Milch	
1 Teelöffel Backpulver	
300 g Mehl	
1 Tasse Johannisbeer-, Himbeer- oder Aprikosenkonfitüre	
1 Ei	

Butter und Zucker schaumig rühren. Mandeln, Zimt, Kakao, Milch, Mehl und Backpulver dazugeben und zu einem Teig verarbeiten. Etwa eine Stunde kühl stellen.

Die Hälfte des Teiges auswallen und eine Kuchenform von 22 cm Durchmesser damit belegen. Den restlichen Teig ebenfalls (nicht zu dünn) auswallen, mit einem Teigrädli in Streifen

---

Klein, aber fein – ein geflügeltes Wort, wie geschaffen, um die historische Weinstube «Zum Bäumli» zu beschreiben. Seit ungefähr 500 Jahren steht das Haus, und es soll darin seit jeher ein guter Tropfen ausgeschenkt worden sein.

Die Kathedrale. 68 Meter hoch sind die Türme der ehemaligen Klosterkirche. Ihr Bau wurde 1755 in Angriff genommen und 11 Jahre später fertiggestellt. 1983 wurde der prachtvolle Barockbau von der Unesco in die Liste der schützenswerten Weltkulturgüter aufgenommen.

Ein eindrückliches Wahrzeichen sind die Fürstenlandbrücken, die über das tiefeingeschnittene Sittertobel führen.

Wunderschönen Fassaden mit üppig verzierten Erkern und kunstvollen Wandmalereien – wie hier am Gallusplatz – begegnet man in der Altstadt auf Schritt und Tritt.

St. Galler Stickerei begeistert nach wie vor die Modewelt. Die Firma Forster Willi – im Bild Tobias Forster, Chef der Kreation – beliefert so renommierte Couturiers wie Valentino, Dior, Armani oder Givenchy.

Ein süsser Gruss für die Daheimgebliebenen: St. Galler Spitzen aus der Konditorei Roggwiller.

Olma. Alljährlich im Oktober findet sie statt. Für St. Gallen ist sie mehr als nur eine Messe. Sie ist ein elftägiges Fest, das nicht nur die ganze Ostschweiz auf die Beine bringt, sondern auch gegen eine halbe Million Besucher aus der ganzen Schweiz anzieht.

Das «National». Seien Sie nicht verwirrt, wenn Sie nach dieser gemütlichen Wirtschaft fragen und man Ihnen den Weg zum «Goldenen Löwen» weist. Es handelt sich dabei um ein und dasselbe Lokal, wo sich Einheimische gern zu Bier und Chäschüechli treffen.

KLEIN, ABER FEIN

DIE KATHEDRALE

EIN EINDRÜCKLICHES WAHRZEICHEN

WUNDERSCHÖNE FASSADEN

ST. GALLER STICKEREI

EIN SÜSSER GRUSS

OLMA

DAS «NATIONAL»

FOTO: RDZ (1)

Gemütliche Wirtschaften gibt es noch zuhauf

schneiden. Einen Streifen dem Rand entlang legen, die restliche Fläche mit Konfitüre bestreichen. Mit den restlichen Teigstreifen ein Gitter auf die Konfitüre legen wie bei einer Linzertorte. Alle Teigteile mit Eigelb bestreichen. 45 Minuten bei Mittelhitze im vorgeheizten Ofen backen.

ST. GALLER KÄSESUPPE

200 g Schwarzbrot	
150 g Käse	
30 g Butter	
I Liter Bouillon	
I Ei	
I Zwiebel, in Ringen	
30 g Fett	

Das feingeschnittene Brot lagenweise mit dem geschnetzelten Käse in einen feuerfesten Topf schichten. Die Butter darauf legen und mit der kochenden Bouillon übergiessen. Den Topf in

KUTTELN MIT KÄSE UND KÜMMEL

den auf 180 Grad vorgeheizten Backofen stellen und zugedeckt etwa 30 Minuten backen. Vor dem Anrichten mit dem verklopften Ei vermischen und mit den golden gerösteten Zwiebelringen garnieren.

KUTTELN MIT KÄSE UND KÜMMEL

Innereien, mit Liebe und Können zubereitet und mit einer knusprigen Butterrösti serviert, sind die Spezialität vom «Bäumli». Uns hat die Wirtin das Rezept für die Kutteln nach Art des Hauses verraten:

40 g Butter, 40 g Zwiebeln	
800 g Kutteln, vorgekocht	
Kümmel nach Belieben	
2 Esslöffel Mehl	
2 dl Riesling	
2 dl Bouillon	
200 g Käse, gerieben	
Salz, Pfeffer	

Zwiebeln in der Butter dünsten. Geschnittene Kutteln zugeben, mit Salz und Pfeffer würzen, mit Weisswein ablöschen. Kümmel beifügen, mit Bouillon auffüllen und kurze Zeit köcheln lassen. Mit Käse binden und nochmals kurz aufkochen.

ST. GALLER KÄSESCHNITTEN

8 dünne Scheiben Modelbrot	
200 g Kalbsbrät	
4 dünne Scheiben Tilsiter	
Pfeffer	
2 Esslöffel Mehl, I Ei	
Paniermehl	
Fett zum Backen	

Jede Scheibe Brot mit Brät bestreichen. Auf 4 Scheiben je eine Scheibe Tilsiter legen, pfeffern, die andern vier Scheiben drauflegen und zusammendrücken. Die Sandwiches in Mehl, im verklopften Ei und zuletzt im Paniermehl wenden. In einer Bratpfanne reichlich Fett erhitzen und die Käseschnitten halb schwimmend backen. Auf Küchenkrepp abtropfen lassen, sofort servieren.

Guet ässe g'Sanggalle

Gaststuben zum Schlössli, Zeughausgasse 17. Wenn es etwas gediegen sein darf, ist dieses Haus mit seinen stilvoll renovierten Gaststuben die richtige Adresse.

Rôtisserie am Gallusplatz. Man könnte während eines Jahres täglich in diesem exklusiven Lokal speisen und jedesmal einen andern Wein probieren – die Weinkarte umfasst nämlich nicht weniger als 365 verschiedene Weine.

Restaurant Alt Guggeien, Kesselhaldenstrasse 85. Am Stadtrand Richtung Arbon gelegen, mit wunderbarer Aussicht auf den nicht allzufernen Bodensee. Die Küche ist gepflegt, die Gaststube heimelig. Alt und jung, Geschäftsmann und Wanderer – alle fühlen sich hier wohl und willkommen.

Restaurant Bierfalken an der Ecke Spisergasse/Kugelgasse. In diesem topmodern eingerichteten Lokal können Sie sich durch die Palette der Schützengarten-Biere trinken. Den passenden Imbiss dazu – sei's eine Olma-Bratwurst – offeriert Ihnen die Karte ebenfalls.

Traditionelle Erst-Stock-Beizli: Weinstube zum Bäumli, Schmiedgasse 18. Hier soll es die beste Röst weit und breit geben.

Zum Goldenen Schäfli, Metzgergasse 5. In der Zunftstube aus dem 17. Jahrhundert erhalten Sie Spezialitäten aus Grossmutters Küche, zum Beispiel Kalbshirn an brauner Butter.

Weinstube Neubad, Bankgasse 6, von den Einheimischen «Neubädli» genannt. Wer währschafte Kost und Gemütlichkeit liebt, fühlt sich in dieser wunderschönen historischen Gaststube bestimmt wohl.

Stiftsbibliothek. Die Bücherei des ehemaligen Benediktinerstifts umfasst über 100 000 Bände, darunter wertvolle Handschriften aus dem frühen Mittelalter. Schlüpfen Sie in ein Paar der bereitstehenden Filzpantoffeln und bewundern Sie den schönsten Rokokosaal der Schweiz!

Weiher. Auf dem St. Galler Stadtgebiet wimmelt es von idyllischen Weihern. Einmalig aber sind die Weiher auf Dreilinden, wo sich die St. Galler, wenn ihnen Petrus wohlgesinnt ist, zum Bade treffen.

Schlössli am Spisertor. Der märchenhafte Bau aus dem 16. Jahrhundert beherbergt heute ein renommiertes Restaurant. Erbaut wurde das Schlössli von einem Enkel des St. Galler Reformators Vadian (1448–1551).

St. Galler Brot. Weniger die Mehlmischung macht es aus als die Form: schön hoch muss der Gupf sein, und eine tadellose Bruchstelle soll es aufweisen.

Täglich frisch, aus viel Kalbfleisch, wenig Speck, Frisch- und Pulvermilch (wegen der Farbe), Eis und Gewürzen hergestellt, und deshalb so gut, sind die Bratwürste der alteingesessenen St. Galler Metzgereien.

Riegelhäuser, liebevoll herausgeputzt, prägen das Bild des Klosterviertels, wo sich der Gallusplatz und das gleichnamige Gourmetrestaurant befinden.

Zeitgenössische Kunst ist in der Ostschweizer Metropole lebendig. Dafür sorgt der St. Galler Künstler Roman Signer. Er hat unter anderem den Brunnen im Grabenpärkli – angeblich nicht zu jedermanns Freude – geschaffen.

«S Schiefe Schöfli» heisst eigentlich «Zum Goldenen Schäfli», denn der Boden ist dermassen schräg, dass sich viele Gäste unwillkürlich am Stuhl festhalten, wenn sie sich erheben.

STIFTSBIBLIOTHEK

WEIHER

SCHLÖSSLI AM SPISERTOR

ST. GALLER BROT

TÄGLICH FRISCH

RIEGELHÄUSER

ZEITGENÖSSISCHE KUNST

«S SCHIEFE SCHÖFLI»

Wo Wein angebaut
wird, weiss man auch Gaumen-
freuden zu schätzen. Am
Genfersee sind deshalb gute
Restaurants dicht gesät.

FOTOS: LOTTI BEBIE TEXT: MADELEINE KRESSEBUCH

LA CÔTE

Die traumhafte Landschaft mit den Rebhängen im Vordergrund und dem See und den Savoyer Alpen im Hintergrund kennen viele Deutschschweizer nur von Kalenderbildern. Wer sich aber ein paar Tage an der «Côte» gönnt, kehrt begeistert zurück. Lebensfreude wird entlang des Genfersees grossgeschrieben wie kaum in einem andern Teil der Schweiz. Waadtländer sind Geniesser – «savoir vivre» ist für sie kein Fremdwort. Sie lieben ihren Boden und was er hervorbringt, allem voran natürlich den Wein. An liebgewonnenen Traditionen hängt man, etwa wenn es ums Essen geht. So findet man entlang des Genfersees noch zahlreiche kleine Pinten, wo Waadtländer Spezialitäten auf der Speisekarte stehen. Jean-Claude Daglia (Bild), der junge Wirt vom «Hôtel de l'Union» in Bursins hat

erkannt, dass regionale Küche, wenn sie liebevoll zubereitet und in gemütlicher Umgebung serviert wird, nach wie vor gefragt ist.

Passt wunderbar zum Weissen: ein Malakoff

Trotz seines russisch klingenden Namens ist der Malakoff eindeutig eine Spezialität von der Waadtländer Côte. Die Käsekrapfen, die man hier gern und oft geniesst, passen ausgezeichnet zu einem Gläschen Weissen. Erstaunlich ist, dass es zwei Arten von Malakoffs gibt. Welcher jedoch der echte ist, könnte uns nur der russische Herzog von Malakoff verraten, dessen Leibspeise diese Käsegebäcke gewesen sein sollen. Aber der gute Malakoff hat zur Zeit des Krimkrieges (1853–56) gelebt, wo er zusammen mit Soldaten von der Waadtländer Côte gekämpft hat.

Serviert werden die Malakoffs klassischerweise mit Cornichons und Silberzwiebeln. Oft werden auch Salat und Senf dazu gereicht. In der Regel beginnt man mit einem Malakoff und bestellt dann, je nach Hunger, noch einen und noch einen. Über die Anzahl der verspeisten Malakoffs führt die Serviertochter auf dem obligaten Papiertischtuch Buch.

MALAKOFF

MALAKOFF

12 Scheiben Toastbrot
250 g Greyerzer, gerieben
1 Teelöffel Mehl
3 Esslöffel Flüssigkeit (Milch oder Weisswein)
3 Eier
1 Messerspitze Backpulver
Fett zum Ausbacken

Mit einem runden Ausstecher 12 Scheiben aus dem Toastbrot stechen (restliches Toastbrot für Croûtons oder Paniermehl verwenden). Reibkäse, Mehl, Backpulver, Milch und Eier zu einem Teig verarbeiten und diesen kuppelförmig auf die Brotscheiben streichen. Mit der Käseseite nach unten im heissen Fett schwimmend goldgelb backen, wenden, für einen Moment weiterbacken. Auf Küchenpapier abtropfen lassen und sofort servieren.

Die beiden Malakoff-Arten unterscheiden sich nicht nur von der Form, sondern auch vom Rezept her deutlich. Hier die zweite Version:

400 g Greyerzer, am Stück
2,5 dl Weisswein
Pfeffer aus der Mühle, Salz
1 Esslöffel Öl
200 g Mehl
2 Eiweiss, steifgeschlagen
Öl zum Ausbacken

Den Käse in 2 cm dicke und 6 cm lange Riegel schneiden. Im Weisswein eine Stunde marinieren lassen, dann gut abtropfen lassen.

Mehl, Weisswein, Salz zu einem glatten Teig verrühren und 20 Minuten ruhen lassen. Anschliessend das Öl darunterarbeiten und den Eischnee darunterziehen. Die Käsestücke in den Teig tauchen und im heissen Öl schwimmend golden backen.

BAGUETTES VIGNERONNES WINZERRUTEN

Die «Baguettes» isst man im Keller beim Weindegustieren. Jeder bricht sich ein Stück von diesem Brot ab und reicht es dann dem Nächsten weiter.

200 g Rauchspeckwürfel
2 dl Weisswein
20 g Hefe, Salz
500–600 g Mehl

Mit der Hefe, 1 dl lauwarmem Wasser und 100 g Mehl einen Vorteig herstellen und gehen lassen. Vorteig, Mehl, Salz und Speckwürfel und Weisswein zu einem Teig verarbeiten und nochmals eine Stunde gehen lassen. Aus dem Teig lange Ruten formen, zu einem U biegen. Nochmals eine Stunde ruhen lassen, mit Mehl bestäuben und bei Mittelhitze backen.

POCHOUSE

Die «Pochouse» ist die Waadtländer Cousine der «Bouillabaisse».

1 kg Fischfilets oder Tranchen (Egli, Hecht, Felchen usw.)
500 g Fischabfälle
2 Esslöffel Olivenöl
1 Esslöffel Butter
1 Zwiebel, gehackt
2 Schalotten, gehackt
3 Tomaten, zerkleinert
5 dl Weisswein
1 Bund Peterli
1 Zweig Thymian
50 g Mehl
3 Knoblauchzehen
Salz, Pfeffer, Paprika
1 Esslöffel Tomatenmark
1 Gläschen Marc
50 g Butter
150 g Speckwürfel

Die Zwiebeln und Schalotten im heissen Öl dünsten, die Fischabfälle zugeben und mitdämpfen, die Tomaten, den Thymian und die Peterlistiele beigeben, mit Wein ablöschen und mit einem halben Liter Wasser aufgiessen. 30 Minuten köcheln lassen. Durch ein Sieb giessen.

Die Butter erhitzen, das Mehl darin anschwitzen und mit dem Fischsud ablöschen. Mit Salz, Pfeffer, Tomatenmark und Marc

Hôtel de l'Union, Bursins. Einen Besuch wert ist das alte «Café vaudois», wo man seltener Kaffee trinkt als einen Dreier Weissen. Neben «Malakoff» und «Papet» ist auch selbstgebeizter, luftgetrockneter Rohschinken eine Hausspezialität.

Château Vufflens, oberhalb von Morges. Dem monumentalen Backsteinbau sieht man die italienische Herkunft an. Leider ist das aus dem 15. Jahrhundert stammende Schloss der Öffentlichkeit nicht zugänglich.

Lac Léman – sagen Sie nicht «Lac de Genève»! Der grösste Schweizer See verleiht den anliegenden Kleinstädten ihren Charme und begünstigt das Klima der gesamten Region.

Restaurant «La Passade», Perroy. In der heimeligen Gaststube isst man im Winter währschafte Waadtländer Spezialitäten wie «Atriaux au cognac». Das ursprüngliche Adrio enthält grobes Brät und gehackte Leber.

Auberge de Bugnaux. Lieben Sie Überraschungen? Dann ist dieses wundervoll gelegene Lokal die richtige Adresse für Sie. Die Speisekarte hat Patron Christophe Ziegert schon lange abgeschafft. Der Gast verrät, worauf er Lust verspürt, und nennt den Preis, den er zu zahlen gewillt ist, et voilà . . .

Auberge du Chasseur, Essertines-sur-Rolle. Ein Besuch lohnt sich auch ausserhalb der Wildzeit, denn die Lokalitäten sind sehr schön, und was auf dem Teller liegt, schmeckt ausgezeichnet.

Trauben lesen macht Spass, aber offensichtlich auch müde. Nicht immer herrschen so optimale Bedingungen mit herrlichem Wetter und tadellosen Trauben.

Prachtexemplare. Im Welschland gehören Kürbisse traditionellerweise auf den herbstlichen Speisezettel.

HÔTEL DE L'UNION

CHÂTEAU VUFFLENS

LAC LÉMAN

RESTAURANT «LA PASSADE»

AUBERGE DE BUGNAUX

AUBERGE DU CHASSEUR

TRAUBEN LESEN

PRACHTEXEMPLARE

Gönnen Sie sich ein paar Schlemmertage am Genfersee

abschmecken. Die Fischfilets in die Suppe geben und 5 bis 15 Minuten ziehen lassen, je nach Fischsorte.

Die Speckwürfelchen und den zerdrückten Knoblauch separat anbraten und in die Suppe geben. Das Peterlikraut hacken und darüberstreuen.

POTAGE DE CERFEUIL
KERBELSUPPE

Kerbel, dieses zarte Küchenkraut mit seinem feinen Anisduft, ist in der Westschweiz sehr beliebt.

1 Zwiebel, gehackt	
4 Kartoffeln	
100 g Speckwürfelchen	
1 Esslöffel Fett, wenig Butter	
1½ Liter Bouillon	
1 Glas Weisswein	
2 Büschel Kerbel, gehackt	

Zwiebel mit den Speckwürfelchen im heissen Fett andünsten. Die Kartoffeln schälen, in kleine Würfel schneiden und kurz mitdämpfen. Mit der Fleischbrühe aufgiessen, 20 Minuten kochen, bis die Kartoffeln weich sind. Mit Wein, Kerbel und Butter verfeinern. Nochmals kurz aufkochen, servieren.

PAPET VAUDOIS AVEC SAUCISSE AUX CHOUX

LE GÂTEAU AU VIN
WEINKUCHEN

250 g Mürbeteig, süss	
2 Esslöffel Speisestärke	
3 Esslöffel Zucker	
3 dl Weisswein	

Ein rundes Kuchenblech mit dem Mürbeteig auslegen. Die Stärke mit dem Wein anrühren, den Zucker beifügen und die Masse auf den Teig giessen. Auf der untersten Rille im Ofen backen, so dass die Oberfläche nicht karamelisiert, sondern wie ein durchsichtiger Gelee aussieht. Der erkaltete Kuchen sollte nach dem Aufschneiden noch leicht auslaufen.

Viele Winzerfamilien hielten sich früher ein paar Schweine, um die Küche mit Braten, Schinken und natürlich mit den verschiedensten Wurstwaren zu versorgen. Heute holt man die beim Charcutier. Besonders populär sind der «Saucisson vaudois», der «Saucisse aux choux», dessen Innenleben mit Weisskohlstreifen durchsetzt ist, sowie der «Boutefas», eine unförmige, dicke Rauchwurst, die gegen ein Kilo wiegen kann.

Auf den Tisch kommen die Saucissons traditionellerweise mit einem «Papet vaudois»:

PAPET VAUDOIS

1 kg Lauch, 3 Kartoffeln	
2 dl Weisswein	
50 g Mehl, 50 g Butter	
2 Saucisses aux choux	
Salz, Pfeffer	

Den Lauch in 2 cm lange Stücke schneiden. Die Kartoffeln schälen und in kleine Würfel schneiden. Die Butter in einem grossen Topf schmelzen lassen, den Lauch darin während 15 Minuten dünsten. Die Kartoffeln beifügen, mit dem Weisswein aufgiessen. Würzen und eine Stunde köcheln lassen. Mit einer Gabel die Kartoffeln zerquetschen. Die Würste mit einem Zahnstocher an jedem Ende einstechen, damit sie nicht platzen. 30 Minuten knapp unter dem Siedepunkt im Wasser ziehen lassen, dann zum Papet servieren.

La bonne cuisine de la Côte

Hôtel de l'Union, Bursins. *Typische «pinte vaudoise». Schlemmen Sie sich durch die herzhaften Waadtländer Spezialitäten und übernachten Sie in einem der stilvoll renovierten Doppelzimmer – es hat nur drei, also früh buchen!*

Auberge de Luins. *Hier beweist man, dass der Röstigraben nicht existiert: die Waadtländer Wurstspezialitäten kommen mit Rösti auf den Tisch.*

Café «La Passade», Perroy. *Das herzige, feine Restaurant besucht man gern wegen seiner Genfersee-Fischspezialitäten.*

Auberge Communale de Féchy. *Hier wird vorzüglich gekocht und buchstäblich mit der grossen Kelle angerichtet. Besonders verführerisch: der Dessertwagen.*

Auberge du Chasseur, Essertines-sur-Rolle. *Rustikal-elegantes Restaurant mit hervorragender Küche im herzigen Waadtländer Dorf oberhalb der Weinberge.*

Auberge de Bugnaux. *Das Beste vom Markt, jedoch keine Luxusgüter wie Stopfleber oder Kaviar, werden für Sie auf liebevollste Weise zubereitet – ein kulinarisches Erlebnis besonderer Art!*

Weinberge wohin das Auge reicht. «La Côte» ist mit seinen fast 1900 ha Reben das grösste Weingebiet im Kanton Waadt. Drei Viertel der Ernte entfallen auf weisse und ein Viertel auf blaue Trauben.

Bon appétit! Bei der Winzerfamilie Jaccoud in Tartegnin sitzen während der Traubenlese dreimal täglich gegen 20 Leute am Tisch. Jean-Claude Jaccoud verkauft seinen Wein direkt an die Kundschaft. Vorteil für Deutschschweizer: Madame Jaccoud spricht berndeutsch.

Früchte im Kirsch. Ein beliebtes Dessert an der Côte. Es schmeckt nicht nur vorzüglich, sondern hilft auch Käsespeisen wie Malakoff und Fondue verdauen.

Rotweine von der Côte haben Aufwind. Die günstigeren stammen von der ertragsreicheren Gamay-Traube, die teureren von der Pint noir. «Lie» heisst das gebrannte Wasser, das aus dem Satz im Fass hergestellt wird.

St-Prex, das malerische Städtchen, liegt auf einer Landzunge im Genfersee und hat seinen mittelalterlichen Charakter bis heute bewahrt.

Filets de perche. Kaum ein Restaurant an den Ufern des Lémans, das nicht Eglifilets führt. Dass keiner das «Passade» in Perroy hungrig verlassen muss, zeigt diese Portion für eine Person.

Charcuterie de campagne. Weitherum ist Charcutier Blondel oberhalb von Mont-sur-Rolle für seine Wurstwaren bekannt. Schon ein Blick in die Rauchkammer lässt einem das Wasser im Mund zusammenlaufen.

Route du vignoble. Auf der Fahrt über die Weinstrasse von Lausanne nach Nyon geniesst man eine atemberaubende Sicht auf Rebberge, Felder und Obstgärten in der Ebene und mit etwas Wetterglück auf den Mont-Blanc.

WEINBERGE

BON APPÉTIT!

FRÜCHTE IM KIRSCH

ROTWEINE VON DER CÔTE

ST-PREX

FILETS DE PERCHE

CHARCUTERIE DE CAMPAGNE

ROUTE DU VIGNOBLE

FOTOS: LOTTI BEBIE / EDUARD RIEBEN (1) TEXT: VERENA THURNER-MACKERT

BERN

Langsam senkt sich die Sonne über unsere Bundeshauptstadt. Verträumt und vertraut, stolz und doch die Nähe suchend, drängen sich die Häuser der Altstadt eng aneinander. Nach dem verheerenden Brand von 1405 wurde die jetzige Altstadt neu aufgebaut. Überragt wird sie vom Münster und vom «Palast des Schweizer Königs», wie eine Mutter ihrem kleinen Sohn das Bundeshaus erklärte. Bern versprüht den Charme einer französischen Provinzstadt und ist zugleich die Hauptstadt des bäuerlichen Kantons der Schweiz. Das «Bellevue Palace» als Repräsentant der Schweiz für ausländische Staatsgäste, widerspiegelt ebenfalls diese Gegensätze. «Bellevue»-Küchenchef Heinrich Lauber (Bild) ist ein echter, bodenständiger Berner. Aber die Küche dieses urchigen Mannes aus Frutigen ist fein und im besten Sinne weltstädtisch. So sind silberglänzende,

festlich gedeckte Tische, daneben eine «Sichlete», ein Erntedankfest, mit einheimischen Spezialitäten im «Bellevue» nicht unbedingt Gegensätze.

Berns Küche: Elegant und bäuerlich zugleich

Ins «Bellevue Palace» geht man, wenn es etwas zu feiern gibt. In Sachen Essen ist der «Bellevue»-Grill zurzeit wohl die beste Adresse in Bern. Das ist nicht zuletzt das Verdienst von Heinrich Lauber. Die Karte ist Spiegelbild seiner Persönlichkeit: äusserst kreativ, ehrlich, ohne Schnickschnack und Firlefanz.

Ein Müsterchen aus seiner Küche ist das folgende Rezept, das Sie selbstverständlich auch auf der «Bellevue»-Karte finden werden.

LAMMKARREE IM BLÄTTERTEIG

LAMMKARREE IN BLÄTTERTEIG

Für 4 Personen
480 g Lammkarree, ausgebeint
Salz, Pfeffer aus der Mühle
wenig Olivenöl
60 g Butter
50 g Schalotten
150 g Champignons
½ Esslöffel Peterli, gehackt
2 Eidotter
400 g Blätterteig (vom Beck)
1 dl Rotwein
0,5 dl Madeira
¼ Knoblauchzehe
Etwas Thymian und Rosmarin
1 dl Lammfond
200 g blanchierter Blattspinat

Das ganze, ausgebeinte und enthäutete Lammkarree salzen, pfeffern und rasch auf beiden Seiten im Olivenöl anbraten. Kalt stellen. In etwa 30 g Butter die geschnittenen Schalotten anziehen lassen, die feingeschnittenen Champignons dazugeben und ebenfalls rösten. Mit gehacktem Peterli würzen, abschmecken und auskühlen lassen. Die Masse mit einem Eidotter binden. Grosse Spinatblätter waschen und blanchieren. In kaltem Wasser abkühlen. In einem Tuch abtropfen lassen. Den Blätterteig etwa zwei Millimeter dick auswallen. Auf die Teigbahn die trockenen Spinatblätter geben und von der fertigen Champignonmasse. Darauf wird das Lammkarree gesetzt, abgeschlossen wird mit der Masse. Den Teig mit dem Blattspinat über dem Karree einschlagen, die wegstehenden Teigstücke abschneiden. Teigoberfläche mit dem zweiten Eidotter bestreichen, nach Belieben mit der Gabel Muster ziehen. Das eingepackte Lammkarree im vorgeheizten Ofen bei 270°C 15 bis 17 Minuten rosa backen. Dann etwas ruhen lassen.

Den Madeira mit Knoblauch, Thymian und Rosmarin einkochen, mit Lammfond aufgiessen und auf die gewünschte Konsistenz einkochen. Mit der restlichen Butter binden. Lammkarree mit Saisongemüse anrichten und servieren.

BERNER RÖSTI

Wird sie nun mit Speck zubereitet oder nicht? Muss sie auf beiden Seiten gebraten sein? Marianne Kaltenbach gibt in ihrem Kochbuch «Ächti Schwizer Chuchi» ein Rezept ohne Speck. Ihr Rezept wurde in ihrer Familie von Generation zu Generation überliefert. Wir haben in Bern fast nur Rösti mit Speck bekommen. Entscheiden Sie selber, welche Zubereitung Sie lieber möchten. Wichtig bleibt doch die schöne Kruste.

Z'Bärn ässe

«Harmonie», Hotelgasse 3: Wunderschöne Altstadtbeiz, wo es die besten Fondues gibt. Auf der Karte findet man auch Gschwellti, Käsehörnli oder Eierrösti.
«Kirchenfeld», Thunstr. 5: Gemütliche Quartierbeiz mit Fisch- und Innereien-Spezialitäten. Zu Hause fühlen sich bei den zwei Wirtinnen sowohl Arbeiter als auch Geschäftsleute.
«Räblus», Zeughausstr. 3: Peter Pulver pflegt eine ausgezeichnete französische Küche. Vor dem Essen sollten Sie für den Apéro noch kurz in die «Pery»-Bar schauen. Bei einem Gläschen Weissen geniesst man dort die warme Atmosphäre und die ausgesprochen freundliche Bedienung.
«Zum Rathaus», Rathausplatz 5: Eine gelungene Mischung von bernischer Altstadtbeiz (im Parterre) und französischem Bistro (im ersten Stock).
«Ringgenberg», Kornhausplatz 19: Hier bekommen Sie die besten Gnagi und Züngli. Die regionalen Gerichte wie Emmentaler Rösti, Kutteln und Fondue sind ausgesprochen preiswert.
«Schweizerhof», Bahnhofplatz 11: Top-Adresse in Sachen Gastronomie. Hier tafelt nationale und internationale Prominenz.

«Bellevue»: «S ‹Bellevue Palace› het an Ambiance . . . s git fascht Hüenerhut! Fäschtlich-gediege – ruhig und arischtokratisch!» So beschrieb der Kabarettist Emil das traditionsreiche Haus im Gästebuch. Das «Bellevue» kann auf eine bewegte Geschichte zurückblicken. Im Ersten Weltkrieg war es sogar Hauptquartier von General Wille.
«Kornhauskeller»: Im «Chübu», wie die Berner ihn nennen, bekommt man gutbürgerliche Berner Küche. In dieser historischen Umgebung schmeckt die Berner Platte doppelt so gut. Jeden Donnerstag gibt's als Tagesspezialität den Pot-au-feu Grande Cave.
«Schwellenmätteli»: Vor allem für seine Fisch-Spezialitäten bekannt und im Sommer für seinen schönen Garten direkt an der Aare.
Altstadt: Berns mittelalterliches Stadtbild gehört noch heute zu den besterhaltenen Europas.
«Zimmermania»: In diesem nach einem Besitzer aus dem letzten Jahrhundert benannten Lokal wurde unsere Bundesverfassung skizziert. Die angenehme Atmosphäre und das exzellente Essen schätzen auch Bundesräte.
Lauben: Die verkehrsfreien Laubengänge, unter denen sich ein verlockend vielfältiges Angebot präsentiert, sind insgesamt sechs Kilometer lang. In den nostalgischen Geschäften nimmt sich der Berner noch Zeit für die Bedienung.
«Klötzli-Keller»: Seit 100 Jahren führen Frauen das Regiment im «Klötzli-Keller». Zur Tradition des Hauses gehört die gepflegte Weinkarte, auf der sich auch der spritzige Schafiser aus dem stadteigenen Rebberg findet.
Berner Platte: Portionen wie zu Gotthelfs Zeiten werden im «Della Casa» serviert. Die Speisekarte ist seit 25 Jahren unverändert. Neben der deftigen Berner Platte sind auch Bollito misto und Ochsenschwanz mit Makronen sehr beliebt.

BELLEVUE

KORNHAUSKELLER

SCHWELLENMÄTTELI

ALTSTADT

ZIMMERMANIA

LAUBEN

KLÖTZLI-KELLER

BERNER PLATTE

Währschafte Spezialität: Reiche Berner Platte

Für 4 Personen:

1 kg Kartoffeln
4 Esslöffel Schweinefett
100 g Bauernspeck
1 Teelöffel Salz
2 Esslöffel Milch

Die am Tag zuvor geschwellten Kartoffeln mit der Röstiraffel in Streifen raffeln. Das Schweinefett in einer Eisenpfanne erhitzen. Den in Würfel geschnittenen Bauernspeck rösten. Die Kartoffeln mit dem Salz mischen und in die Pfanne geben. Mit der Bratschaufel zu einem Kuchen pressen, mit Milch beträufeln und hermetisch zudecken, mit einem Suppenteller oder einem schweren Deckel. Sobald die Kartoffeln schön brutzeln, das Feuer ganz klein stellen. Während 30 Minuten ganz leise braten lassen. Dann die Rösti auf den Teller, der als Deckel gedient hat, oder auf eine Platte stürzen und sofort servieren.

BERNER PLATTE

Die wohl bekannteste Berner Spezialität ist zweifellos die Berner Platte. Zum ersten Mal soll sie 1798 serviert worden sein, als Festmahl für die siegreich zurückkehrenden Berner Truppen, die bei Neuenegg die Franzosen in die Flucht schlugen.

Für 5 bis 8 Personen:

1 Esslöffel eingesottene Butter
1 grosse Zwiebel
1 kg Sauerkraut
6 Wacholderbeeren
1 dl Weisswein, trockenen
750 g Rippli oder Schüfeli
500 g Magerspeck, geräuchert
1 Rindszunge, geräuchert
1 Berner Zungenwurst
3–4 Gnagi, 1 Schweinsöhrli oder -schwänzli
500 g Rindfleisch zum Sieden
1 Rüebli, 1 Stk. Sellerie

Die in Streifen geschnittene Zwiebel in Butter dünsten. Das gut ausgepresste Sauerkraut und die Wacholderbeeren beifügen, mit Wein und 3 dl Wasser ablöschen. Speck und Rippli dazugeben, zudecken und 1,5 Stunden langsam gar werden lassen. Die Kochzeit hängt von der Grösse der Fleischstücke ab. 20 Minuten vor Ende der Kochzeit die Wurst unter das Sauerkraut legen und mitkochen. In einem separaten Topf die Rindszunge 3 bis 4 Stunden in ungesalzenem Wasser ziehen lassen. Nach der halben Kochzeit Gnagi, Öhrli oder Schwänzli beifügen. Das Rindfleisch mit Suppenknochen und Gemüsegarnitur ebenfalls getrennt zubereiten.

Das Fleisch in Portionen schneiden, über das Sauerkraut geben und mit Salzkartoffeln servieren. Meistens werden zum Sauerkraut noch gekochte Bohnen (gedörrte) serviert.

BÄRNER ZIBELECHUECHE

Am Zibelemärit wird in den umliegenden Beizli Zibelechueche angeboten, eine echte Berner Delikatesse.

Für ein Kuchenblech von 24 cm Ø:

300 g Kuchenteig
750 g Zwiebeln
2 Esslöffel Butter
4 Eier
2 dl Rahm
Salz, Pfeffer
Butterflocken

Zwiebeln fein hacken und unter häufigem Wenden 15 bis 20 Minuten in der Butter dünsten. Eier mit dem Rahm gut verrühren, würzen und mit den erkalteten Zwiebeln mischen. Blech mit dem 3 mm dick ausgewallten Teig auslegen, einstechen und den Zwiebelguss darauf geben. Mit Butterflocken belegen und bei 220 °C etwa 45 Minuten backen.

DIE BERÜHMTESTEN DESSERTS DES KANTONS

Meringue, gebrannte Crème, Apfelkuchen und Choco-Mousse, das sind die Berner Desserts. Für Meringues braucht es wohl kein Rezept, für Choco-Mousse und Apfelkuchen hat jede Köchin oder Koch sicher ein eigenes Rezept. Bleibt noch die gebrannte Crème:

100 g Würfelzucker
1 Zitrone
150 g Griesszucker
1 Liter Milch, 5 Eier
2 dl Rahm (nach Belieben)

Zuckerwürfel an der Zitrone abreiben. Den Griesszucker mit 1 Esslöffel Wasser unter Rühren hellbraun rösten. Die Milch und die Zuckerwürfel zugeben und unter Rühren aufkochen. Die Eier sämig schlagen. Die Karamelmilch auf die Eiercrème geben, gut schwingen. Die Crème nochmals knapp vors Kochen bringen. In eine Schüssel giessen und erkalten lassen. Nach Belieben steifgeschlagenen Rahm unter die Chrème mischen.

BERÜHMTE BERNER DESSERTS

Zibelemärit: Schön «gezüpfelt» werden die Zwiebeln am Zibelemärit angeboten (immer am 4. Montag im November). Längst ist der Zibelemärit zu einem Folklorefest der ganzen Schweiz geworden, und es werden neben Zwiebeln auch Kleider, Bilder, Süssigkeiten und Geschirr verkauft.

Bundeshaus: Es kann auch von innen besichtigt werden; ausgenommen während den Sessionen finden täglich zu fast allen vollen Stunden Führungen statt.

Münster: Es lohnt sich, den Turm des Münsters zu besteigen – die Aussicht auf die Altstadt ist unvergleichlich.

Kochschule: In der «Gourmet Chuchi» lernen die Bernerinnen kochen, oder sie perfektionieren ihre Kochkenntnisse.

Bärenfutter: Mit Vitaminwürfeln und Rüebli dürfen Besucher die derzeit 17 Bären füttern. Bärengrabenwärter Emil Hämi rüstet für die Portionentüten bis zu 45 Kilo Rüebli pro Tag. Das Bettmümpfeli aber gibt er seinen Bären selbst: «Ohne Bettmümpfeli gäben die keine Ruhe.»

«Brasserie Bärengraben»: Gegenüber dem Bärengraben liegt dieses an ein Pariser Bistro erinnernde Lokal. Legendär geworden ist die Brasserie durch ihr Dessert-Angebot.

Haselnuss-Bär: Ein beliebtes Mitbringsel aus Bern sind die Haselnuss-Lebkuchen-Bären. Werner Bangeter von der Confiserie Eichenberger verziert den Lebkuchen mit dem Berner Wappentier, dem Mutzen.

Schafiser: Der Ehrenwein der Stadtkellerei Bern kommt aus der Bielersee-Gegend. Ausser dem roten und weissen Schafiser pflegt die Stadtkellerei auch Spezialitäten wie Chardonnay und Pinot gris.

ZIBELEMÄRIT

BUNDESHAUS

MÜNSTER

KOCHSCHULE

BÄRENFUTTER

BRASSERIE BÄRENGRABEN

HASELNUSS-BÄR

SCHAFISER

FOTOS: HANSJÖRG VOLKART   TEXT: VERENA THURNER-MACKERT

ENGADIN

Engadin für die Unterländer: Das sind goldene Lärchenwälder, kilometerlange Langlaufloipen, glitzernde Bergseen, liebevoll gepflegte, jahrhundertealte Steinhäuser mit verzierten Fassaden und der vielgerühmte Luxus von St. Moritz. Engadin für die Engadiner: Das sind auch sechs Monate Schnee, schweigende Winter, Eisblumen an den Fenstern, öde Zwischensaisons. Der Kampf gegen kurze Tage und kalte Nächte hat im Hochtal eine Küche hervorgebracht, die ohne Umschweife zubereitet wird, wirksam wärmt und für viele Stunden nährt. Einer, der diese Landschaft kennt und liebt, ist der frühere Skirennfahrer

Dumeng Giovanoli (Bild). In seiner «Pensiun Privata» im Dorfkern von Sils-Maria kocht er so traditionelle Engadiner Gerichte wie Hochzeitssuppe, Pizochels und bäckt Nusstorte. Der Slalomkünstler von einst nimmt aktiv Anteil am Leben der Gemeinde. Er bleibt aber auch Skifan: Er trainiert die skibegeisterte Silser Jugend.

Früher Slalomstangen, heute Kochlöffel

Als Dumeng Giovanoli 1972 sich vom Skirennsport zurückzog, war für ihn eines klar: Er wollte in seinem erlernten Beruf arbeiten, und zwar in seinem Mutterhaus in Sils. Lukrative Angebote aus dem Ausland schlug er aus. Er wollte in seinem geliebten Engadin bleiben. Und hier lebt er nun mit seiner Frau Ursula und den vier Kindern und verwöhnt seine Stammgäste mit hauseigenen Spezialitäten.

Für die «Schweizer Familie» hat er einige Gerichte aus seiner Heimat zusammengestellt. Angefangen mit der Engadiner Hochzeitssuppe, die, wie es der Name sagt, an Hochzeitsfesten serviert wurde. Gefolgt von den beliebten Pizochels, die Dumeng Giovanoli mit Spinat mischt, und dem Ris e versas (Reis mit Weisskraut wurde früher vor allem bei der Metzgete gegessen). Ausgezeichnet schmeckt diese Spezialität mit einer grünen (frischen) Engadiner Wurst. Nicht fehlen darf natürlich die Engadiner Nusstorte. Dumeng Giovanoli backt sie selber

RIS E VERSAS

nach einem Rezept der Konditorei Klarer in Zuoz.

Und jetzt wünschen Dumeng Giovanoli und wir Ihnen nur noch eines: «Bainvgnieu in Engiadina!»

RIS E VERSAS – REIS MIT WEISSKRAUT

300 g Reis (Vialone, Arborio)
½ kg Weisskraut
wenig Salz, Pfeffer
200 g Kartoffeln
100 g Parmesan, gerieben
1 Zwiebel
50 g Butter
Schnittlauch, Salbei

Reis in viel Salzwasser al dente kochen, Weisskraut in feine Streifen schneiden und im Dampfkochtopf garen. Mit wenig Salz und Pfeffer würzen. Die Kartoffeln schälen und in 1 cm dicke Würfel schneiden, in wenig gesalzenem Wasser kochen. Reis, Kraut und Kartoffeln lagenweise in eine feuerfeste Platte unter Beigabe von geriebenem Parmesan geben. Die in Streifen geschnittene und in der Butter goldbraun angezogene Zwiebel über den Reis geben, und das Ganze gratinieren. Mit Schnittlauch und Salbei bestreuen.

Dazu schmeckt eine frische oder geräucherte Engadiner Wurst ausgezeichnet.

PUDIN DA LA NONA – SAUERRAHM-PUDDING

1 Liter Rahm
250 g Zucker
5–8 Esslöffel Zitronensaft
5 Blatt Gelatine

Den Rahm wenig schlagen, den Zucker und Zitronensaft darunterziehen. Die in wenig heissem Wasser aufgelöste Gelatine dazugeben. Die Masse sofort in Formen, die vorher mit kaltem Wasser ausgespült wurden, einfüllen, kühlstellen. Zum Stürzen die Form einen Augenblick in warmes Wasser halten. Dazu Beerenkompott servieren und Grassins.

Dumeng Giovanoli hat dieses Rezept von seiner Grossmutter übernommen. Damals wurde täglich die Rahmschicht von der Milch abgeschöpft. Gegen Ende der Woche wurde der abgeschöpfte Rahm, der

Manger in Engiadina

«Chesa Marchetta», Sils-Maria: Zwei Menüs stehen zur Auswahl bei den Schwestern Godly. Die gemütliche Arvenstube mit den vier bis fünf Tischen werden Sie nicht so schnell vergessen. Unbedingt vorbestellen!

Hotel «Arlas», Silvaplana: In diesem Passanten-Restaurant mit dem schönen Specksteinofen und dem Jägerstübli gibt es reichhaltige Bündner Gerichte zu sehr anständigen Preisen.

Hotel «Steinbock», Pontresina: Gemütlich ist es hier im Colani-Stübli bei einem «Pfiff».

Hotel «Schweizerhof», Pontresina: Gut geführtes Haus mitten im Dorf mit heimeligem Spezialitätenrestaurant.

«Stüva Colani», Madulain: Gilbert Stöhr ist ein Meister in der Küche, seine Frau in der Gästebetreuung.

Hotel «Donatz», Restaurant «Padella», Samedan: Die anregende Atmosphäre des Stammtisches überträgt sich auch auf die anwesenden Unterländer.

«Crusch Alba», Schuls: Grosse Karte mit ausgezeichneten Engadiner Spezialitäten.

St. Moritz: Die vielgerühmte Metropole des Engadins bietet Ausgefallenes: von Pferderennen über Badekuren, Gleitschirmfliegen, Bobrennen, Skeleton bis zu Shopping.

Pokalzimmer: Ein ganzes Zimmer hat Dumeng Giovanoli in seiner «Pensiun Privata» für seine Pokale reserviert. Eigentlich ist ihm jeder gleich lieb, jeder hat ihn damals gefreut, sei es nun der für den Sieg am Lauberhorn 1968, seien es Abzeichen für Rennen im heimatlichen Engadin oder im fernen Kanada.

Hotel «Donatz»: Im Zentrum von Samedan liegt das zum Teil seit 1646 bestehende Haus. Am Stammtisch wird heftig diskutiert, und, ob er will oder nicht, der Unterländer wird bald ins Gespräch einbezogen.

Corviglia: Am Bergrestaurant Corviglia kommt man nicht vorbei. Auf 2500 Meter Höhe wird hier eine vorzügliche Küche geboten. Dazu kommt noch die überwältigende Aussicht.

Köstliche Desserts: Und das auf über 2000 Meter über Meer! Äusserst liebenswürdiges Servierpersonal stellt im Restaurant «Corviglia» die vielfältigen Desserts zusammen.

«Chesa Salis»: Im ehemaligen Patrizierhaus in Bevers haben die regionalen Köstlichkeiten wie zum Beispiel die ausgezeichnete überbackene Polenta einen gebührenden Platz auf der Karte.

«Stüva Colani»: Gilbert Stöhr in Madulain ist fast ein Muss für Freunde der guten Küche. Stöhr ist leidenschaftlicher Teigwarenesser. So gilt sein hervorragendes Können vor allem den Teigwaren, aber auch den Fischen. Was nicht heisst, dass Sie nur «Exotisches» bekommen. Wir haben einen augezeichneten Lammrücken von einheimischen Schafen gegessen.

«Chesa Marchetta»: In der kleinen, gemütlichen Arvenstube fühlt man sich sofort wohl. Die Schwestern Maria und Christina Godly umsorgen ihre Gäste mit viel Liebe. Und im Keller lagern Köstlichkeiten wie selbstgemachte Engadiner Würste.

ST. MORITZ

POKALZIMMER

HOTEL «DONATZ»

CORVIGLIA

KÖSTLICHE DESSERTS

«CHESA SALIS»

«STÜVA COLANI»

«CHESA MARCHETTA»

Die vierte Landessprache in der Küche lebendig

nicht verwendet wurde, sauer. Wegwerfen kam nicht in Frage, so entstand daraus dieses wunderbare Dessert. Die Säure, die vorher im Rahm war, ersetzt Dumeng Giovanoli heute mit Zitronensaft.

PUDIN DA LA NONA

PIZOCHELS CUN SPINAT – SPINATPLÄTZLI

| 500 g frischer Spinat |
| 4 Eier, Salz, Pfeffer |
| 350 g Mehl |
| wenig geriebenes Brot und Käse, Butter |

Den Spinat waschen und gut abtropfen lassen, nicht zu fein hacken. In Butter kurz dämpfen und gut abtropfen lassen. Den Saft auf die Seite stellen. 4 geschlagene Eier unter den Spinat mischen, mit Salz und Pfeffer würzen. Nach und nach das Mehl dazugeben. Wenn nötig etwas vom Spinatsaft dazugeben und zu einem Spätzliteig verarbeiten. Den Teig vom Brett ins gut gesalzene siedende Wasser schneiden. Dem Wasser wenig Öl beimischen. Wenn die Spätzli gar sind, mit der Schaumkelle herausnehmen und lagenweise anrichten. Die Lagen mit geriebenem Brot und Käse bestreuen. Mit heisser Butter überschmelzen und kurz gratinieren.

Anstelle von geriebenem Brot können Sie auch Paniermehl über die Pizochels cun spinat geben.

TUORTA DA NUSCHS – ENGADINER NUSSTORTE

| 1 kg Weissmehl |
| 400 g Zucker, 700 g Butter |
| 2 Eier, 1 Prise Salz |
| FÜLLUNG: |
| 600 g Zucker |
| 3 dl Vollrahm |
| 600 g Baumnüsse |
| 1 dl Wasser |

Für den Teig alle Zutaten gut vermischen und kühl ruhen lassen. Für den Boden eine Scheibe von etwa 25 cm Durchmesser, 1 cm dick, ausschneiden, für den Deckel eine solche von 30 cm Durchmesser. Für die Füllung Zucker und Baumnüsse rösten und mit 1 dl Wasser ablöschen. Den etwas erwärmten Rahm dazugeben. Die Füllung auf eine gefettete Fläche geben und mit dem Wallholz verteilen. Ein wenig auskühlen lassen und eine Scheibe von etwa 21 cm ausstechen oder ausschneiden und auf den Boden legen. Mit dem Deckel schliessen. Den befeuchteten Rand gut schliessen, mit den Gabelzacken rundherum andrükken und einige Male einstechen. Im vorgeheizten Ofen (200 °C) etwa 40 Minuten hellbraun ausbacken.

PANNADA CUN PUORVS – ENGADINER HOCHZEITSSUPPE

| 1 Schildbrot |
| 1 Zwiebel, gehackt |
| Butter |
| 1 Liter magere Fleischbrühe |
| Salz, wenig Muskat |
| Butterflocken |
| 1 Eigelb |
| Schnittlauch, fein geschnitten |

Das Brot in Würfeli schneiden und mit der Zwiebel in Butter rösten. Mit der Fleischbrühe auffüllen und ½ Std. langsam kochen, mit dem Schwingbesen gut schlagen. Mit Salz und Muskat würzen. Butterflocken beigeben und mit dem Schwingbesen gut schlagen. Eigelb und Schnittlauch darunterziehen und sofort servieren.

GRASSINS

| 80 g Zucker |
| 200 g handwarme Butter |
| 1 Teelöffel Vanillezucker |
| 250 g Mehl |
| 1 Prise Salz |

Zucker, Butter und Vanillezucker schaumig rühren, Mehl und Salz beigeben, wenig verarbeiten. Etwa 5 cm dicke Rolle formen und lange ruhen lassen. Die festgewordene Rolle in 0,5 cm dicke Scheiben schneiden und bei mittlerer Hitze (180 °C) hellgelb backen.

Schuls/Scuol: *Hier kann der Gast seine Winterferien mit einer Trink- und Badekur verbinden. Die Region Scuol-Tarasp-Vulpera war früher als «Badekönigin der Alpen» bekannt und ebenso bedeutend wie das damals berühmte Karlsbad.*

Luftgetrocknetes: *Wenn die Leute im Oberengadin von «Pila» reden, dann meinen sie die besten Würste und das schmackhafteste Trockenfleisch vom Engadin, dann meinen sie aber auch Renato Giovanoli, der diese Spezialitäten macht. Der Weg zu «Pila» in Maloja ist nicht einfach zu finden. Fragen Sie Einheimische!*

Schlittenfahrt: *Was gibt es Schöneres, als warm eingepackt mit dem Pferdeschlitten durch die Winter-Märchenlandschaft zu fahren. Zum Beispiel von Pontresina ins Roseg- oder von Sils ins Fextal?*

Silsersee: *Der tiefste der drei Seen bekommt jeweils zuletzt seine Eisdecke, auf der die Langläufer dann ihre Spuren ziehen.*

«Crusch Alba»: *Die beste Adresse für einheimische Spezialitäten in Schuls ist wohl das «Crusch Alba». Gerichte wie Plain in Pigna, Put a Suogl, Micluns und Tatsch kocht der Direktor und Küchenchef Roman Nodèr gleich selbst.*

Maloja-Käse: *Neun Laibe produziert Nino Ganzoni täglich aus 500 Liter Milch. Die Lagerzeit des Maloja-Käses, eines naturgereiften Grauschimmelkäses, beträgt zweieinhalb bis drei Monate.*

Nusstorte: *Laut Dumeng Giovanoli kommen die besten Engadiner Nusstorten aus der Confiserie Klarer in Zuoz. Giovanoli hat hier einmal «geschnuppert» und bereitet seine Nusstorten nach dem gleichen Rezept zu.*

Nietzsche-Haus, Sils: *«Nun habe ich wieder mein geliebtes Sils-Maria, den Ort, wo ich einmal sterben will; inzwischen gibt es mir die besten Antriebe zum Noch-Leben.» Diese Zeilen schrieb der Philosoph Nietzsche im Jahr 1881.*

SCHULS / SCUOL

LUFTGETROCKNETES

SCHLITTENFAHRT

SILSERSEE

«CRUSCH ALBA»

MALOJA-KÄSE

NUSSTORTE

NIETZSCHE-HAUS

**Auf die Qualität
ihrer Milchprodukte sind
die Greyerzer zu
Recht stolz. Milch, Käse,
Rahm und Butter
sind auch die Basis
ihrer Küche.**

FOTOS: HANSJÖRG VOLKART   TEXT: MADELEINE KRESSEBUCH

LA GRUYÈRE

Zwischen Bern und Lausanne, dort wo die Kunstbauten der Autobahn am kühnsten sind, beginnt es, das Greyerzerland. Die liebliche Voralpenlandschaft ist wie geschaffen für die Milchwirtschaft. In der hohen Qualität des Futtergrases soll das Geheimnis der berühmten Greyerzer Erzeugnisse liegen: allen voran der beiden Käsesorten Gruyère und Vacherin. Doch auch die Butter, der Doppelrahm und nicht zuletzt die Schokolade von Cailler haben sich weltweit einen Namen geschaffen. Von nah und fern strömen die Besucher in das mittelalterliche Befestigungsstädtchen Greyerz, um im Sommer Beeren mit Greyerzer Rahm oder im Winter ein echtes Freiburger Fondue zu kosten – zum Beispiel bei Christian und Marie Chassot (Bild). Seit knapp einem Jahr führen die jungen Wirts

leute die «Auberge de la Halle», eine Adresse, die es sich wegen der wunderschön renovierten Gaststube wie auch wegen der ausgezeichneten regionalen Spezialitätenküche zu merken lohnt.

Ein Vacherin-Fondue wird stets lauwarm gegessen

Ein wunderbares Fondue, dieses Freiburger, das nur mit Vacherin, Wasser, wenig Pfeffer zubereitet und manchmal mit etwas Knoblauch abgeschmeckt wird. Es kommt lauwarm auf den Tisch, schmeckt mild-würzig und behält seine herrlich crèmige Konsistenz bis zum letzten Bissen. In der «Auberge des Halles» serviert man Ihnen dazu kleine Gschwellti. Lassen Sie sich nicht verunsichern, wenn man Sie als Auswärtiger zweimal fragt, ob sie wirklich das Vacherin-Fondue bestellen möchten. Die Wirtsleute machen leider oft unliebsame Erfahrungen mit Gästen, die das lauwarme Fondue dann doch nicht mögen und mit dem

La Bénichon – das herbstliche Schlemmerfest

Ein Bericht über die Greyerzer Regionalküche wäre unvollständig, wenn darin das grösste kulinarische Ereignis des Jahres fehlen würde: La Bénichon, die Chilbi. Dieses Herbstfest wird nach dem Alpabzug gefeiert und beinhaltet ein grossartiges Festessen. Angefangen wird mit einer «Cuchaule» (Eierweggen), auf die man Butter und den berühmten «Moutarde de Bénichon» (Brotaufstrich aus Birnensaft, Gewürzen und Wein) streicht. Darauf folgt ein Siedfleischtopf, Lammragout mit Trauben und sogenannten «Büschelibirnen». Dann der Hauptgang mit geräuchertem Beinschinken, Lammbraten, Kartoffelstock, Weisskohl und Randensalat. Zum Dessert gibt es Käse, Beeren mit Rahm und Kleingebäck wie Anisbrötli und Brezeln – und zum Schluss ein Gläschen Grande Gruyère, ein zünftiger Schnaps, der das nahrhafte Mahl verdauen hilft.

FREIBURGER VACHERIN-FONDUE

Feuer zu spielen beginnen. Sobald man aber die Temperatur erhöht, zerstört man die heikle Käse-Wasser-Verbindung, und das Fondue wird ungeniessbar.

FREIBURGER VACHERIN-FONDUE

800 g Freiburger Vacherin
2 dl Wasser
Pfeffer
Knoblauch nach Belieben

Den Käse in feine Scheibchen schneiden und zusammen mit dem Wasser in einem Caquelon auf schwachem Feuer und unter stetem Rühren schmelzen lassen. Sobald sich der Käse mit dem Wasser verbunden hat, das Fondue eine crèmige Konsistenz und eine Temperatur von etwa 35 Grad erreicht hat, vom Feuer nehmen. Das Fondue auf ein Rechaud, bei dem die Temperatur tief gehalten werden kann, oder auf eine Wärmeplatte stellen.

Ein Vacherin-Fondue darf unter keinen Umständen köcheln, sonst scheidet es unweigerlich. Ein geschiedenes Fondue – sollte dies trotz aller Vorsicht passieren – versuchen Sie, mit etwas Maizena zu retten. 2 Esslöffel Maizena mit etwas kaltem Wasser anrühren und nach und nach unter den Käse rühren, bis sich die Masse wieder bindet.

FONDUE MOITIE-MOITIE

Etwas rezenter im Geschmack und wesentlich weniger anspruchsvoll in der Zubereitung ist das typische Greyerzer Fondue, das Fondue «halbe-halbe».

400 g Greyerzer
400 g Vacherin
1 Knoblauchzehe
4 dl Weisswein
1 Esslöffel Maizena
1 Teelöffel Zitronensaft
1 Gläschen Kirsch
Pfeffer aus der Mühle

Den Caquelon mit der Knoblauchzehe ausreiben. Den Käse raffeln, mit dem Wein und dem Zitronensaft in den Caquelon geben und langsam, unter stetem Rühren, den Käse zum Schmelzen bringen. Das Maizena im Kirsch auflösen und kurz vor dem Siedepunkt dem Fondue beifügen, kurz aufkochen lassen, sofort zu Tisch bringen. Mit Pfeffer abschmecken.

GREYERZER GRIESSCHÜECHLI

1 Liter Milch
100 g Butter
100 g Griess
100 g Maisgriess
1 Ei
½ Tasse Paniermehl
Salz, Pfeffer
Sauce:
50 g Butter, 50 g Mehl
100 g Reibkäse
½ Tasse Milch

Milch mit Butter und wenig Salz und Pfeffer zum Kochen bringen, Griess und Mais einstreuen und etwas ziehen lassen. Masse auf ein eingeöltes Kuchenblech etwa 3 cm dick ausstreichen, erkalten lassen. Mit einem runden Ausstecher (oder einem Glas) Plätzchen aus-

Auberge de la Halle, *Greyerz. Mit viel Liebe und Aufwand hat man das alte Lokal renoviert – ein Werk, das wirklich gelungen ist. Die Bilder an der Wand stammen von einem regionalen Künstler. Gemäss dem Wunsch der Wirtsleute soll die Gaststube noch unbekannten Greyerzer Malern als Galerie dienen.*

Greyerz – Gruyère. *Das markante, auf einen Hügel gebaute Städtchen hat seinen mittelalterlichen Charakter bewahrt. Das Schloss, das bis Mitte des 16. Jahrhunderts dem Grafen von Greyerz und später den freiburgischen Vögten als Residenz diente, ist Besuchern das ganze Jahr über zugänglich.*

Café fribourgeois, *Bulle. Treten Sie ein, geniessen Sie eine der Käsespezialitäten und lauschen Sie den Klängen des Orchstrions, das aus den Anfängen dieses Jahrhunderts stammt.*

Cochonaille. *Berühmt für seine ausgezeichnete Metzgete ist das «Restaurant de la Fleur de Lys» in Bulle, wo Wirt André Baschung seine Würste noch selber fabriziert.*

Holz und Holzgewerbe *ist ein wichtiger Wirtschaftszweig für die Greyerzer. Die vielen kleineren und mittleren Möbelfabriken, denen man landauf, landab begegnet, sowie die traditionellen Kunstgegenstände aus Holz zeugen davon.*

Dent de Broc *heisst der unverkennbare Berg östlich vom Städtchen Greyerz, das – obschon 800 m hoch gelegen – im Winter hin und wieder unter der Nebeldecke verschwindet.*

Verträumt und voller Charme *liegt die ehemalige Grafschaft Greyerz dem einstigen Hauptort zu Füssen. Während der Ort im Sommer von Touristen überschwemmt wird, sind im Winter die Einheimischen fast unter sich.*

Brasserie Viennoise, *Bulle. Liebhaber von Jugendstil werden ins Schwärmen geraten ob der wunderschönen farbigen Fenster, die Greyerzer Dorf- und Stadtbilder darstellen.*

AUBERGE DE LA HALLE

GREYERZ – GRUYERE

CAFE FRIBOURGEOIS

COCHONAILLE

HOLZ UND HOLZGEWERBE

DENT DE BROC

VERTRÄUMT UND VOLLER CHARME

BRASSERIE VIENNOISE

135

«La soupe de chalet» – das tägliche Brot der Sennen

stechen, diese in der Mitte leicht aushöhlen. Im verklopften Ei und Paniermehl wenden, im heissen Öl bakken und auf eine hitzebeständige Platte anrichten.

Für die Sauce das Mehl in die heisse Butter einrühren, mit wenig Wasser ablöschen und mit der Milch aufgiessen. Einen Teil des Reibkäses daruntermischen. Sauce über die Griesschüechli giessen.

Mit dem restlichen Käse die Griessschüechli bestreuen und noch rasch im heissen Ofen überbacken.

RACLETTE DER ARMEN

4 grosse, längliche Kartoffeln	
600 g Freiburger Vacherin	
wenig Öl	
Salz, Pfeffer, Kümmel	

Kartoffeln in der Schale kochen, heiss schälen und der Länge nach halbieren.

Kartoffelhälften auf ein eingefettetes Backblech legen, würzen. Den Käse in Scheiben schneiden und auf die Kartoffeln verteilen, 10 Minuten im 250 Grad heissen Ofen überbacken. Mit Silberzwiebelchen und Cornichons servieren.

SENNENSUPPE

SENNENSUPPE

150 g Zwiebeln	
200 g Lauch	
100 g Rüebli	
100 g Spinat	
150 g Kartoffeln	
50 g Makkaroni	
1,5 Liter Bouillon	
1 Lorbeerblatt	
30 g Butter	
3 dl Milch	
3 dl Sauerrahm	
150 g Greyerzer, gerieben	
Salz, Pfeffer	

Die Zwiebeln grob hacken. Das Gemüse rüsten und zerkleinern, mit den Zwiebeln in der Butter andünsten, mit der Bouillon ablöschen und etwa 10 Minuten köcheln lassen. Das Lorbeerblatt beifügen. Die Kartoffeln in kleine Würfel schneiden und mit den Makkaroni zur Suppe geben. Etwa 20 Minuten köcheln lassen, Milch und Rahm zugeben, mit Salz und Pfeffer nach Belieben abschmecken.

Den Reibkäse separat dazu servieren.

Wie der Name – französisch: «La soupe de chalet» – schon sagt, war dies die Speise, die sich die Sennen hoch oben in ihren Hütten häufig kochten. Sie verwendeten dafür alle Lebensmittel, die sie zur Hand hatten (Milch, Rahm, Käse, wilder Spinat), und Dinge, die ihnen vom Tal heraufgebracht wurden (Kartoffeln, Lauch, Teigwaren).

GREYERZER KÄSESUPPE

800 g Greyerzer, geraffelt	
800 g Brot	
1 Liter Milch	
½ Liter Bouillon	
1 dl Weisswein	
Pfeffer, Salz, Muskat	
100 g Butter	
2 Zwiebeln, in Ringe geschnitten	

Das Brot in kleine Stücke schneiden, in etwa 50 g Butter leicht anrösten, mit Milch, Bouillon und Weisswein ablöschen. Den Käse beifügen, umrühren, würzen. Diese Masse in eine Gratinform füllen, mit Butterflocken (20 g) bestreuen und kurz im heissen Ofen überbacken.

Die Zwiebelringe in der restlichen Butter rösten und damit die Suppe garnieren.

Déguster les délices de la Gruyère

«Auberge de la Halle», Gruyère. Dies ist ein ausgezeichneter Ort, um in aller Ruhe und in angenehmster Atmosphäre die Greyerzer Küche kennenzulernen.

«Le Chalet», Gruyère. Ein reizvolles, urgemütliches Lokal mitten im historischen Städtchen. Spezialitäten des Hauses sind Käsespeisen in allen Variationen und Beeren an herrlich zähflüssiger Greyerzer Nidle.

«Café de la Gare», Bulle. Wenn Sie keine Lust auf Käse verspüren, sind Sie hier an der falschen Adresse – es gibt nur Fondue und Käseschnitten.

Aber diese Gerichte sind dafür wunderbar.

«La pierre à Catillon», Moléson. Wer hat gesagt, in Skistationen esse man nicht gut? Michel Seydoux wird Sie vom Gegenteil überzeugen. Fleischliebhabern sei ein Gericht namens «La luge de Moléson» empfohlen.

«Auberge des Montagnard», Broc. Hier erleben Sie echte Greyerzer Gastfreundschaft. Wirt und Wirtin begrüssen Sie höchst persönlich, und die ursprüngliche Gaststube ist geschaffen für einen gemütlichen Fondueschmaus.

Winternatur. Auch wenn draussen alles Stein und Bein gefroren ist, wird ein Streifzug durchs Greyerzerland zum unvergesslichen Erlebnis.

Freiburger Alpen. Nicht sehr hoch, aber atemberaubend schön. Unser Bild zeigt den Dent de Brenleire (2353 m) und den Dent de Folléran (2339 m).

Le Chalet. Der blumengeschmückte Holzbau mit den heimeligen Innenräumen ist das bekannteste Restaurant in Greyerz. Der gute Ruf kommt nicht von ungefähr. Die alteingesessene Wirtefamilie ist seit Jahrzehnten darum besorgt, die Chalet-Gäste mit Greyerzer Spezialitäten zu verwöhnen.

Schokoladenseite. Von ihr zeigt sich das Greyerzerland in Broc, wo Alexander Cailler im Jahr 1898 seine Schokoladenfabrik gebaut hat. Eine Einführung in die «Schokologie» samt Degustation gefällig? Besuchen Sie die Nestlé-Tochter! Von März bis Oktober (ohne Juli) finden montags bis freitags Führungen statt.

Dorfbrunnen von Lessoc. Seit ein mondsüchtiger Esel eines Nachts den Brunnen leergetrunken haben soll, weil sich der Vollmond darin spiegelte, hat man den Trog überdacht.

Alles Käse, aber von Top-Qualität! Bis ein rund 35 kg schwerer Greyerzer Laib reif für den Verkauf ist, braucht er stetige fachmännische Betreuung. Wie ein Käse entsteht, können Sie in der Schaukäserei unterhalb von Greyerz mitverfolgen.

Pinte du Pralet. Tief im unberührten Vallée du Motélon, das man von Charmey oder Broc her erreicht, betreibt Francis Castella seine winzige Wirtschaft. Versuchen Sie seinen hausgemachten Tomme de chèvre oder sein Fondue.

Lac de Gruyère. Wie eine Faust aufs Auge wirkt die langgezogene Autobahnbrücke in der idyllischen Landschaft. Der einheimischen Bevölkerung hat der Bau der N 12 jedoch den wirtschaftlichen Anschluss gebracht.

WINTERNATUR

FREIBURGER ALPEN

LE CHALET

SCHOKOLADENSEITE

DORFBRUNNEN VON LESSOC

ALLES KÄSE

PINTE DU PRALET

LAC DE GRUYERE

Kulinarisch lehnen
sich die Basler gern ans
nachbarliche Elsass
an. Nur von Brot, Fasten-
wähe, Mehlsuppe
und Läckerli leben sie
jedenfalls nicht mehr.

FOTOS: LOTTI BEBIE; TEXT: MADELEINE KRESSEBUCH

BASEL

Die schönsten drei Tage im Jahr erleben die Basler jeweils im Februar oder März: die Fasnacht. Dann sind sie gerne unter sich. An allen andern Tagen jedoch sind «Fremde» gerngesehene Gäste in der geschäftigen Hafenstadt am Rheinknie, wo die Sonne lacht, wenn die halbe Schweiz unter einer Nebeldecke steckt. Basel ging es schon immer gut. Die behäbigen Bürgerhäuser in Grossbasel und die schmucken Handwerkerhäuschen in Kleinbasel zeugen vom Wohlstand früherer Zeiten. Darben müssen die Basler aber auch heute nicht. Eine vielfältige, gepflegte bis gehobenste Gastronomie gehört genauso zu ihrem Kulturverständnis wie Musik, Tanz, Theater, bildende Künste und Fasnacht. Den traditionellen «Lachs nach Basler Art» hat uns Jacques Navarro (Bild), Küchenchef im «Café Spitz»

serviert. Süsswasserfische sind die Spezialität vom «Spitz», das der renommierten «Tafelgesellschaft zum goldenen Fisch» angehört.

Basler Lachs war einst Kost für Dienstboten

Mit einem Café im herkömmlichen Sinn hat das «Café Spitz» nichts gemeinsam. Das gepflegte Stadtrestaurant, das zum Hotel «Merian» gehört, hat sich seit einigen Jahren – sehr erfolgreich – auf Süsswasserfische spezialisiert, was angesichts seiner Lage direkt am Rhein nur natürlich erscheint. Als Stammlokal der Kleinbasler Gesellschaften und als Fasnachtscliquen-Treff ist das «Spitz» eng mit dem Basler Brauchtum verbunden.

LACHS NACH BASLER ART

LACHS NACH BASLER ART

Es gab Zeiten – und die dauerten bis tief in dieses Jahrhundert hinein – da schwammen noch massenhaft Lachse im Rhein. So wird erzählt, dass früher zum Schutz der Dienstboten eine Verordnung bestanden habe, die besagte, dass dem Personal nicht häufiger als dreimal pro Woche Lachs vorgesetzt werden durfte. Aus dieser Zeit stammt auch dieses Rezept:

8 Lachsfilet à 80 g oder
4 Lachstranchen
1 Zitrone, Saft
wenig Mehl
2 Schalotten, gehackt
1 dl Weisswein
1 dl Bratensauce
2 dl Fischfond
1 dl Rahm
20 g Butter
2 Zwiebeln, in Ringe geschnitten

Den Fisch mit Salz, Pfeffer und Zitronensaft würzen, in Mehl wenden und beidseitig in wenig Butter braten. Im heissen Fischfond 5 Minuten ziehen lassen, warmhalten. Zwiebeln in etwas Butter golden rösten. Weisswein, Fond und Bratensauce um einen Drittel reduzieren, Rahm zufügen, abschmecken. Den Fisch anrichten, mit der Sauce umgiessen und mit den gerösteten Zwiebeln garnieren.

Dazu passen Salzkartoffeln oder auch Teigwaren.

BASLER MEHLSUPPE

Es gibt Einfacheres, als in Basel zu einer Mehlsuppe zu kommen. Grund: Mehlsuppe gibt es nur während der Fasnacht, dann aber überall. So simpel das Rezept auch aussehen mag, eine echte Mehlsuppe zu kochen ist eine aufwendige Arbeit. Das Mehl muss stundenlang ganz sachte geröstet werden, bevor es mit dem hausgemachten Fond aufgegossen und nochmals stundenlang geköchelt wird.

Ehrnsache, dass man sich im «Café Spitz» noch alljährlich die Mühe nimmt, von Grund auf eine Mehlsuppe herzustellen. Unser Rezept ist, auf den Privathaushalt zugeschnitten, entsprechend vereinfacht.

60 g Butter oder Fett
100 g Mehl
1,5 Liter Bouillon
Salz, Kümmel nach Belieben
50 g Reibkäse

Butter oder Fett in einer Gusseisenpfanne heiss werden lassen, das Mehl darin unter ständigem Rühren schön braun rösten. In kleinen Güssen die Bouillon dazuführen und den Kümmel beifügen. Die Suppe mindestens eine Stunde köcheln lassen. Abschmecken. Mit dem Reibkäse servieren.

HYPOKRAS

Schon im 12. Jahrhundert gab es ihn, war es doch die Pflicht des Domprobstes, seinen Domherren zu Weihnachten den süssen, roten Gewürzwein zu spenden. Gewürze gehörten damals zu den Luxusgütern, und so konnten sich nur Reiche diesen Trank leisten.

Der Brauch, zwischen Weihnachten und Dreikönigstag Hypokras zu trinken – er schmeckt übrigens vorzüglich zu Läckerli –, hat sich bis heute gehalten. Man kauft ihn in der Drogerie, oder man stellt ihn selbst her. Das einstige Luxusgetränk ist, da Gewürze billig geworden sind, nun für jedermann erschwinglich.

2 Flaschen trockener Weisswein
2 Flaschen schwerer Rotwein
250 g Zucker
15 g Zimt (Stengel)
4 Nelken

Weisswein, Zucker und Gewürze in einer Pfanne aufkochen, vom Feuer nehmen, Gewürze entfernen, mit dem Rotwein mischen, auskühlen lassen, in Flaschen abfüllen und 14 Tage ruhen lassen.

FASCHTEWAIJE

Wer sich darunter eine Wähe mit Boden und Belag vorstellt, wird enttäuscht. Nichtbasler halten Fastenwähen auf den ersten Blick für unförmige Bretzeln. Doch wie diese, passen Fastenwähen ausgezeichnet zu einem kühlen Bier.

400 g Weissmehl
1 Teelöffel Salz
1 Teelöffel Malz
25 g Hefe
2½ dl Milch
150 g Butter, flüssig
1 Eigelb
Kümmel nach Belieben

Mehl, Salz, Malz, Hefe, Milch und ausgekühlte Butter zu einem Hefeteig verarbeiten und eine Stunde gehen lassen. Aus dem Teig 16 ovale Laibchen formen, nochmals eine Stunde kühl stellen, dann die Laib-

---

Café Spitz. Elegantes Fischrestaurant am Kleinbasler Kopf der Mittleren Brücke. Die dynamischen Wirtsleute Bodo und Ursula Skrobucha führen das traditionsreiche Haus, das seit 1833 den Kleinbasler Ehrengesellschaften als Zunftlokal dient.

Mittlere Rheinbrücke, die Gross- mit Kleinbasel verbindet, besteht seit 1225 und war lange Zeit die einzige Rheinüberquerung zwischen dem Bodensee und dem Meer. Die «neue» Brücke wurde 1905 fertiggestellt.

Rathaus am Marktplatz. Guter Rat war in Basel schon immer teuer und ist durch die kostspielige Renovation des Rathauses nicht billiger geworden. Erbaut wurde es 1508–14, als die Basler nach ihrem Beitritt zur Eidgenossenschaft (1501) sich ein repräsentatives Regierungsgebäude wünschten.

Zum Schnabel. Eine alte, urgemütliche Wirtschaft im Herzen der Altstadt, wo man sich zu einem währschaften Mahl oder auch nur zu einem Gläschen Elsässer trifft.

Restaurant Harmonie. Hier begegnet man wahrlich einem gemischten Völkchen: alt, jung, alternativ, etabliert – alle scheinen sich im kürzlich renovierten Bistro – ganz wie's der Name verlangt – wohl zu fühlen.

Tinguely-Brunnen, dessen richtiger Name Fasnachtsbrunnen ist, schmückt seit 1977 den Platz vor dem Stadttheater. Der Künstler Jean Tinguely ist in Basel aufgewachsen.

Vogel Gryff tanzt auf der Mittleren Brücke mit dem «Leu» und dem «Wild Ma» den Winter aus. Dabei achten die Kleinbasler Ehrenzeichen strengstens darauf, dass sie sich ausschliesslich vor Kleinbasel verneigen und Grossbasel mit ihrem Rücken entzücken.

Bruderholz. Der Name des Basler Naherholungsgebietes ist inzwischen zum Inbegriff höchster Gastronomie geworden. Für seine Kochkunst ist Hans Stucki mit 19 Gault-Millau-Punkten ausgezeichnet worden.

CAFÉ SPITZ

MITTLERE RHEINBRÜCKE

RATHAUS MIT MARKTPLATZ

ZUM SCHNABEL

RESTAURANT HARMONIE

TINGUELY-BRUNNEN

VOGEL GRYFF

BRUDERHOLZ

Mehlsuppe gibt es nur während der Fasnacht

chen flach drücken. Mit einem scharfen Küchenmesser versetzt vier Einschnitte in der gleichen Richtung vornehmen. Die länglichen Fladen vorsichtig in die Breite ziehen, so dass aus den Schnitten vier Löcher entstehen. Mit Eigelb bestreichen und mit Kümmel bestreuen. Im 200 Grad heissen Backofen etwa 20 Minuten backen.

BASLER FISCHSUPPE

300 g Fisch mit festem Fleisch

2 Esslöffel Olivenöl

200 g verschiedene Gemüse (Lauch, Karotten, Fenchel, Zucchini, Zwiebeln)

2 dl Weisswein

1 Liter Fischfond

wenig Anis, z. B. Ricard

Salz, Pfeffer, Safran

Mit Fischgräten (gewässert), weissem Gemüse, wenig Weisswein, 1 Lorbeerblatt, 1 Nelke, einige Pfefferkörner und 1 Liter Was-

BASLER FISCHSUPPE

ser einen Fischfond herstellen. Nicht länger als 20 Minuten köcheln lassen, zwischendurch abschäumen.

Fisch in mundgerechte Stücke schneiden, würzen. Das Gemüse zerkleinern, im Olivenöl andünsten. Mit dem Weisswein ablösen, mit dem Fond aufgiessen, köcheln lassen.

Wenn das Gemüse gar ist, den Fisch beigeben und 3 Minuten ziehen lassen. Abschmecken, mit dem Anisschnaps und dem Safran verfeinern.

Mit Knoblauchbrot serviert, ergibt diese Fischsuppe eine Hauptmahlzeit.

LÄCKERLI

Manche Baslerin soll noch heute glauben, dass sie das einzige echte Rezept, überliefert von ihrer Mutter, in die Ehe gebracht habe. Die Herstellung von Läckerli ist Schwerarbeit und erfordert mindestens vier Hände: zwei, die die Pfanne halten, und zwei, die den zähen Teig rühren. Zum Glück steht an der Gerbergasse 57 in Basel das Läckerli-Huus, das auf weltweiten Versand spezialisiert ist. Und wer zu seinen Kunden gehört, erhält erst noch alljährlich den Fasnachtsbrief mit den besten Schnitzelbänken.

750 g alter Bienenhonig

1 kg Mehl

500 g Mandeln, grob gehackt

600 g Zucker

200 g Orangeat und Zitronat, grob gehackt

½ Zitrone, abgeriebene Schale

1 dl Kirsch

30 g Zimt

1 Messerspitze Nelkenpulver

Honig und Zucker aufkochen, Hitze reduzieren, Mandeln, kandierte Früchte und Gewürze beifügen, nach und nach das Mehl einrühren, zuletzt den Kirsch beigeben. Etwa 15 Minuten bei schwacher Hitze weiterrühren. Den Teig leicht auskühlen lassen und mit viel Mehl etwa knapp 1 cm dick auswallen. In Rechtecke schneiden, die Läckerli auf ein gut bemehltes Blech legen, über Nacht ruhen lassen. Am nächsten Tag bei mittlerer Hitze etwa 15 Minuten backen.

GLASUR:

300 g Zucker mit 2 dl Wasser zu einem dicken Sirup einkochen. Läckerli noch warm damit bestreichen.

Schlemme z'Basel

«Café Spitz». Wenn es die Witterung erlaubt, lassen Sie sich einen Platz auf der herrlichen Rheinterrasse reservieren, und wählen Sie dann unter 19 verschiedenen Süsswasserfischen aus.

«Löwenzorn». Gut und preiswert. Im Sommer lockt der einmalige Innenhof, doch auch die heimelige Gaststube des alten Zunfthauses ist eines Besuches wert.

«Schlüsselzunft». Geniessen Sie lokale Spezialitäten in historischen Räumen, und verpassen Sie das feine Läckerli-Parfait nicht.

«Stucki» Bruderholz. Einsame Spitzengastronomie – hat ihren Preis.

«Teufelhof». Kultur- und Gasthof in einem mit zwei Kleintheatern, einem gediegenen Restaurant, einer Weinstube fürs kleine Por-

temonnaie und acht von Künstlern gestalteten Hotelzimmer.

«Fischstube zum Pfauen». Traditionelles, ausgezeichnetes Fischrestaurant, wo für den mittleren Hunger auch halbe Portionen serviert werden.

«Zum Goldenen Sternen». 1412 erbaut, ist es eines der ältesten Wirtshäuser der Schweiz. Spektakulär ist nicht nur die Küche, sondern auch die Tatsache, dass der Gasthof 1964 Stein für Stein von der Aeschenvorstadt ins St.-Alban-Tal gezügelt worden ist.

«Brauerei Fischerstube» an der Rheingasse. Für Bierliebhaber ein Eldorado, denn hier gibt es frisch vom Fass vier Sorten würziges, hausgebrautes Ueli-Bier, das karaffenweise auch über die Gasse verkauft wird.

Romantische Rheinstadt. Basel ist die älteste Universitätsstadt und hat einen wunderschönen alten Kern. Dennoch ist Basel kein Museum, sondern eine lebendige Kultur-, Wirtschafts- und Hafenstadt. Den Hauch der grossen, weiten Welt bringen die Rheinfrachter, den Hauch von Basel erhalten Sie, wenn Sie urtümliche Quartierwirtschaften wie den «Wilhelm Tell» beim Spalentor betreten.

Der Zolli, wie die Basler ihren Zoo liebevoll nennen, beherbergt mitten in der Stadt über 4000 Tiere und besitzt ein spektakuläres Vivarium, das Einblick in die faszinierenden Welten unter Wasser gewährt.

Restaurant Löwenzorn. Es steht in der Altstadt und nicht in der Nähe vom Zoo, wie der Name vermuten liesse. Hier trifft man sich zum Jass oder zum Schwartenmagen, der Europas bester sein soll. Wer ihn am Stück mag, sagt's dem Kellner gleich.

Wahrzeichen Spalentor. Die Basler halten den aus dem 15. Jahrhundert stammenden Wehrbau schlicht für das schönste Stadttor der Schweiz.

Am Barfüsserplatz befindet sich der «Braune Mutz», ein typisches Basler Lokal.

«Es drummlet und pfyfft...» Vier Uhr morgens am Montag nach Aschermittwoch beginnt die Fasnacht mit dem «Morgestraich». Die Basler Fasnacht ist mehr als ein dreitägiges, verrücktes Maskentreiben. Es ist ein kulturelles Ereignis voll von künstlerischem Schaffen und frechem Spott.

Basler Läckerli. Wofür im 14. Jahrhundert die Lebkucher zuständig waren, das besorgen heute Basler Bäcker und Läckerli-Huus. Unser Bild zeigt den Chef der Bäckerei mit einer Läckerliplatte vor dem Schneiden.

«Hueschte-Dääfeli». Nicht nur was die Basler Chemiegiganten herstellen, wirkt. Leichtes Hüsteln lindern auch bunte Bonbons vom Läckerli-Huus.

ROMANTISCHE RHEINSTADT

DER ZOLLI

RESTAURANT LÖWENZORN

WAHRZEICHEN SPALENTOR

BARFÜSSERPLATZ

ES DRUMMLET UND PFYFFT . . .

BASLER LÄCKERLI

HUESCHTE-DÄÄFELI

Rezepte

Suppen

Armensuppe → Inser Armensuppe
Basler Mehlsuppe 140
Chässuppe → Lozärner Chässuppe
        → Zuger Chässuppe
Chemi-Soppe met gröschtetem Brot 14
Engadiner Hochzeitssuppe
        → Pannada cun Puorvs
Greyerzer Käsesuppe 136
Inser Armensuppe 26
Käsesuppe → Greyerzer Käsesuppe
        → St. Galler Käsesuppe
Lozärner Chässuppe 86
Mehlsuppe → Basler Mehlsuppe
Minestrone 62
Pannada cun Puorvs 130
Potage de Cerfeuil 118
Reis-Kastanien-Suppe
        → Schwyzer Reis-Kastanien-Suppe
Rieslingsuppe vom Untersee 38
Sammetsuppe 110
St. Galler Käsesuppe 112
Schwyzer Reis-Kastanien-Suppe 44
Sennensuppe 136
Zuger Chässuppe 20

Beilagen, Salate und Eintöpfe

Älplermagronen 44
Baguette Vigneronnes 116
Bärner Zibelechueche 124
Berner Rösti 122
Birewägge → Lozärner Birewägge
Birnen 68
Böllewägge 40
Bölletunne 56
Bristner Niidle 44
Burebrot → Vrenelis Burebrot
Chäs-Magronen 14
Chriesisprägel 20
Conterser Bock 94
Dörrzwetschgen 74
Fenz (Sennenspeise) 14
Flouttes, les 34
Funggi 80
Gratin de Cardons 106
Greyerzer Grieschüechli 134
Härdöpfel → Schnitz und Härdöpfel
Härdöpfelchueche nach Seeländer Art 26
Hypokras 140
Kartoffeln → Schnitz und Härdöpfel
        → Späckhärdöpfel
Kartoffelkuchen → Härdöpfelchueche
Kartoffeltopf → Walliser Kartoffeltopf
Krausi 80
Linse-Köcht 14
Lozärner Biirewägge 88
Lumpesuppe 38
Magerone → Chäs-Magerone
Magronen → Älplermagronen
Morchelschnitten 32
Murtener Späckchueche 26
Niidle → Bristner Niidle
Pizochels cun Spinat 130
Polenta 62
Reis → Winzerreis
Reisauflauf mit Zwetschgen 14
Ris e Versas 128
Risotto 64
Rispor 46
Rösti → Berner Rösti
Sabodet servi tiede à la vigneronne 106
Schnitz und Härdöpfu 86

Sennenspeise → Fenz
Späckchueche → Murtener Späckchueche
Späckhärdöpfu 68
Tomatensalat zu Ehren der Kamelie 62
Überbackene Spargeln 40
Vrenelis Burebrot 70
Walliser Kartoffeltopf 100
Winzerreis 76
Zibelechueche → Bärner Zibelechueche
Zigerbrüüt 50
Zigerhöräli 50
Zwetschgen → Dörrzwetschgen

Käse

Appenzeller Chäs-Schoppe 16
Fondue Moitie-Moitie 134
Freiburger Vacherin-Fondue 134
Käseschnitten → St. Galler Käseschnitten
Malakoff 116
Radette 100
Radette der Armen 136
St. Galler Käseschnitten 112
Stupfete 38

Fisch

Aarehechtklösschen an Basilikumsauce 80
Äschen nach Schaffhauser Art 58
Basler Fischsuppe 142
Eglifilets nach Vully-Art 26
Eglifilet nach Zouftmäischer Art 10
Filets de perches du lac 104
Fischsuppe → Basler Fischsuppe
Flüeler Hechtschnitten 46
Forellen an Kräutersauce 32
Forellen an Weinsauce 32
Forellen nach Zuger Art 20
Gebackene Karpfen 32
Hecht aus dem Ofen 28
Hechtschnitten → Flüeler Hechtschnitten
Karpfen → Gebackene Karpfen
Lachs nach Basler Art 140
Ombles Chevalier 104
Pochouse 116
Zuger Rötel 20

Fleisch und Geflügel

Aargauer Suure Mocke 74
Appenzeller Gitzi gebacken 16
Berner Platte 124
Bratkügeli an weisser Sauce 82
Capuns 12
Chabisbünteli 22
Chabis und Schaffleisch 44
Chalberwürste → Glarner Chalberwürste
Chlepfer-Änni-Topf 68
Chöngelirogge mit Basilikum 14
Chügelipastete → Lozärner Chügelipastete
Churer Fleischtorte nach Art
        des Hotel Stern 92
Dorngrüt-Zimis 68
Eintopf → Galliker Eintopf
Escalope Agaunoise (Walliser Schnitzel) 98
Fleischtorte → Churer Fleischtorte
Fricassée de Porc Genevoise 106
Friedentopf 56
Galliker Eintopf 88
Gfüllti Zibele 28
Gitzi → Appenzeller Gitzi gebacken
Glarner Chalberwürste 50

Gschnätzlets → Züri-Gschnätzlets
Gsottnigs → Homberg-Gsottnigs
Gsottus 98
Hackbraten → St. Galler Hackbraten
Homberg-Gsottnigs 70
Kalbsfilet 106
Kalbsleber «Dolce Brusco» 92
Kalberwürste → Glarner Chalberwürste
Kutteln nach Schaffhauser Art 56
Kutteln nach Zürcher Art 10
Lammkarree im Blätterteig 122
Leberknöpfli 40
Leberspiessli → Zürcher Leberspiessli
Lozärner Chügelipastete 86
Manzo Brasato 62
Milchragout 34
Netzbraten 52
Papet Vaudois 118
Pastetchen → Solothurner Pastetchen
Pastete → Lozärner Chügelipastete
Ratsherrentopf → Zürcher Ratsherrentopf
St. Galler Hackbraten 110
Schaffleisch → Chabis und Schaffleisch
Schnitz und Drunder 74
Solothurner Pastetchen 82
Suure Mocke → Aargauer Suure Mocke
Zibele → Gfüllti Zibele
Zigeunerspiess 76
Zürcher Leberspiessli 8
Zürcher Ratsherrentopf 8
Züri-Gschnätzlets 8
Zwiebeln → Gfüllti Zibele

Desserts, Kuchen und Gebäck

Aargauer Rüeblitorte 74
Apfeltorte → Thurgauer Apfeltorte
Aprikosenkuchen nach Walliser Art 98
Appenzeller Biberfladen 16
Bauernpastete → Urner Bauernpastete
Biberfladen → Appenzeller Biberfladen
Birnenpizokels 94
Braune Biberli 110
Crème → Gebrannte Crème
        → Linas Mülistellte-Greeme
Gâteau au vin 112
Gebrannte Crème 124
Glarner Pastete 50
Grassins 130
Greeme → Linas Mülistettle-Greeme
Kafi Träsch 88
Kirschtorte → Zuger Kirschtorte
Klostertorte → St. Galler Klostertorte
Kuchen → Solothurner Kuchen
Läckerli 140
Linas Mülistettle-Greeme 70
Omelette souflée flambée 34
Nidlechueche 28
Pastete → Urner Bauernpastete → Glarner Pa-
stete
Pudin de la Nona 128
St. Galler Klostertorte 110
Solothurner Kuchen 80
Schaffhauser Zungen 58
Tirggeli → Zürcher Tirggeli
Thurgauer Apfeltorte 40
Torta di Pane 64
Tuorta da Nuschs 130
Urner Bauernpastete 46
Zuger Kirschtorte 22
Zürcher Tirggeli 8